歴史文化ライブラリー

11

太平洋戦争と考古学

坂詰秀一

吉川弘文館

目次

肇国の考古学

1　太平洋戦争と考古学界

太平洋戦争と考古学界

考古学の沈滞した数年間

大森貝塚の発掘から一二〇年、登呂《とろ》遺跡の発掘から五〇年、岩宿《いわじゅく》遺跡の発掘から四八年。そして、日本人類学会の設立から一一三年、日本考古学会の設立から一〇一年、日本考古学協会の設立から四九年の歳月が流れた。

この間、日清・日露の両戦争、日中戦争をへて太平洋戦争と、明治時代から昭和時代の前半にかけて、大日本帝国は軍事力の増強を背景にアジア・太平洋地域に覇権《はけん》を掌握する野望をいだきつづけたが、それは叶わなかった。太平洋戦争の敗戦により日清戦争以来の富国強兵策に終止符がうたれたのである。

日本の考古学界もこのような時の流れとともに歩んできたことはいうまでもない。日本考古学の学史研究については、すでに多くの先学によって試みられ、とくに齋藤忠が膨大な学史資料の収集とその分析に立脚して『日本考古学史』（昭和四十九年、吉川弘文館）をはじめ多数の学史の著作を公にされ、日本考古学の学史資料はかなりの整備充実をみるにいたっている。しかし、「日本考古学史」の視点から説かれている著作のためか、その記述は日本列島における研究史が主眼となっており、列島外の日本人の考古学研究についてはさしてふれるところがない。

大正の末年から昭和の前半にかけて、日本の、とくに「官」の考古学者は積極的に「外地」の遺跡調査に乗りだしていった。一方、「民間」に輩出した考古学の研究者は、自分たちの学会を組織して機関誌の刊行をつづけ、新しい考古学を標榜《ひようぼう》して活動するようになっていった。このような動きは、昭和の前半に顕著であった。かつて、齋藤は、「昭和前期の考古学」として昭和十五年（一九四〇）までを区切った（前掲書）。

それは「太平洋戦争中の考古学の沈滞した数年」という認識によって区分したからである。この「沈滞した数年」間の日本考古学は、たしかに学問的に華々しい成果が挙げられた、とはいえないであろうが、それ相応の活動はなされていた。それは学会活動、とくにそれぞれの機関誌を通じて顕著であった。そこで「昭和前期の考古学」は、昭和二十年八月までと拡大して考えることが必要であろうとの認識をもつにいたった。

本書の課題

「沈滞した数年」の日本考古学史を「官」と「民」の考古学、「内地」と「外地」の考古学的調査、という視点から考えるとき、そこには「欠落した日本考古学史」の側面が浮上してくる。

一五年戦争、とくに太平洋戦争と日本考古学とのかかわり方については、従来とかく表面的な調査事実を淡々と説くことが主流であった。その具体的事実の背景をしたり顔でさらりと解説することは容易であろうが、太平洋戦争の終結から半世紀をへ、また昭和時代が終わり早や一〇年近い歳月が流れた現在、ここで「太平洋戦争とそれ以前における日本考古学界」の動向を展望しておくことも肝要であろう。

いま、日本の考古学界では、かつての「外地」考古学——「植民地」考古学に関する課題は風化しつつある。しかし、半世紀以前の日本の考古学にとって、それは中心的な関心事であった。昭和二十年八月以降、「外地」でことにあたっていた研究者は、それぞれの立場で、かつての調査結果を報告・論文としてまとめ総括を果たしてきたし、徴用され「外地」でたまたま遺跡・遺物に接した研究者もそれらの資料の見聞を開陳してきた。

「沈滞した数年」の日本の考古学は、それなりの意味をもつ期間として学史上に位置づけることこそ、殷賑《いんしん》をきわめている現在の日本考古学の将来にとって無意味ではないであろう。

御上と民間の考古学

「外地」志向の御上の考古学

〈浜田耕作と『東亜文明の黎明』〉

浜田耕作の考古学

「日本における考古学を人文科学の一として正しく位置づけ、その発展に貢献し、学史上偉大な業績を残した」（齋藤忠「浜田耕作」『日本考古学史辞典』昭和五十九年、東京堂）と称されている浜田耕作は、広い視野から東アジア考古学の基礎を確立した碩学《せきがく》として、関係学界に光輝している。

浜田の考古学（『浜田耕作著作集』全七巻、昭和六十二〜平成五年、同朋舎出版）は、日本考古学の古典的著作としていまに読みつづけられている『通論考古学』*（大正十一年）をはじめ、遺跡の発掘報告書の範となっている『京都帝国大学文学部考古学研究報告』全一

7　「外地」志向の御上の考古学

浜田耕作〔青陵〕（明治14〜昭和13年）肖像と『東亜文明の黎明』（昭和5年）の箱

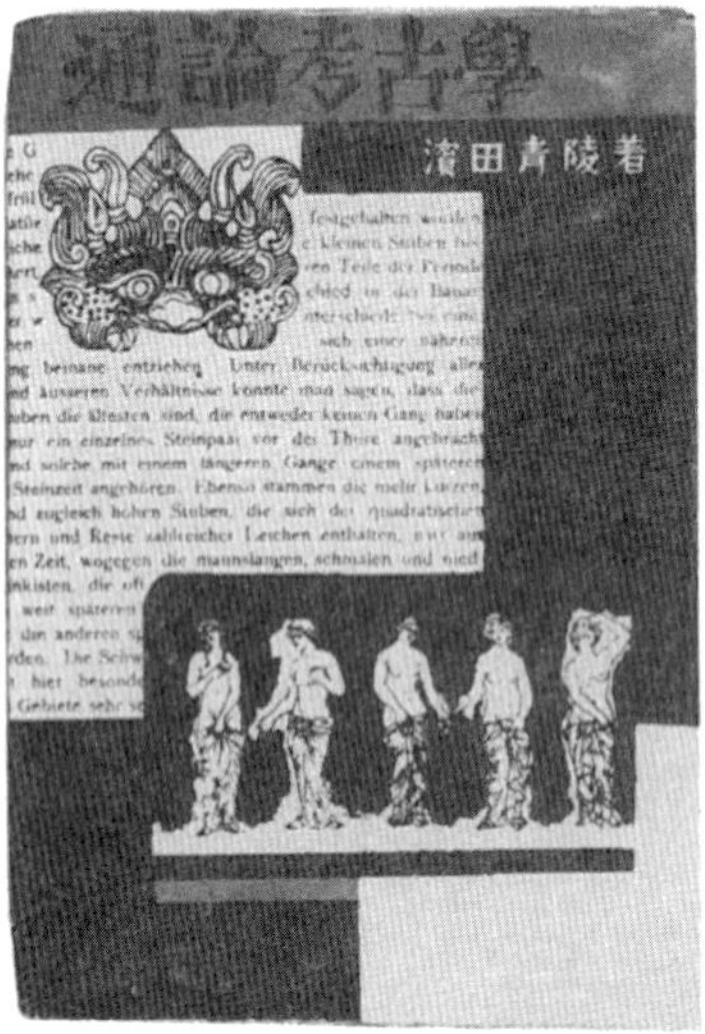

上　浜田耕作〔青陵〕著
『通論考古学』初版
（大正11年）
下　『通論考古学』全国
書房版（昭和23年）

六巻（大正六〜昭和十五年）など、多岐にわたって日本の考古学界に膾炙《かいしゃ》されている。

＊　浜田『通論考古学』は、大正十一年七月に初版（大鐙閣）が発行され、大正十四年十二月には四版が刊行された。その後、昭和四年三月に新装の六版（刀江書院）が公にされ、以降、同体裁本が版を重ねた。昭和二十三年八月、三たび装丁をかえて新たに刊行（全国書房）され、それは昭和二十六年四月刊の三版におよんだ。その間、兪剣華によって中国語訳（『考古学通論』）が一九三一年に上海で刊行された。なお、初版を底本とした復刻が、昭和五十九年二月、昭和六十一年六月、平成元年三月、平成八年六月に刊行（雄山閣出版）されている。

他方、浜田は、京都帝国大学の文学部長、総長として大学行政に辣腕《らつわん》をふるい、また東亜考古学会、東方考古学協会の生みの親となって、日本の考古学をアジアの考古学界に君臨する方向を樹立した立役者となった。

『東亜文明の黎明』　その浜田は、昭和五年（一九三〇）二月に『東亜文明の黎明《れいめい》』＊（刀江書院）と題する一書を公にした。菊版本文一〇三ページのクロース装のこの本は、「考古学上より見たる　東亜文明の黎明」に附録として「日本文明の黎明」を加えたものであった。二つの「黎明」は、昭和三年十一月とあくる年の十一月にともに京都帝国大学で行った講演を骨子とした平易な読み物として登場したのである。

＊「日本文化名著選」（創元社）に収められ、昭和十四年二月に装を新たに読書界におくられた。そして昭和十七年八月には第四刷が発行された。また、一九三二年には汪馥泉（『東亜文化之黎明』）、一九三五年には楊鍊（『東亜文明的曙光』）によって中国語訳が公にされた。

昭和三年の浜田は、前年に東亜考古学会の第一回事業として貔子窩《ひしか》を発掘し、ヨーロッパに旅した直後であった。この年の九月には東亜考古学会の牧羊城の発掘に参画するなど雄飛していたときである。したがって、浜田にとって「東亜」の考古学的研究が一気に開花したころの講演であった。

「考古学上から見た東亜文明の黎明」は、旧石器時代から新石器・青銅器・鉄器時代に及び、とくに「彩紋土器と西方文化との関係」「所謂スキート文化と其の影響」「漢代文化の東漸と南満北鮮」など広い視野に立ったものであった。とくに「南朝鮮と西日本に於ける支那文化」において「南朝鮮……の地方は矢張りツングース族が北方から入つて来て、之に恐らく支那民族、インドネシヤ族なども混合し、且つ日本民族も古くから移民して、此等の混成によつて出来たと思はれる韓民族なるものが占拠して居つた」のであり、「南鮮の民族中には日本人の血液が少からず混じつて居つたのでありますが、特に三韓のうち弁韓即ち任那地方（洛東江沿岸）に於てさうであつた」と説いたのである。

この本が出版された五ヵ月後の昭和五年七月、文学部長に就任した浜田にとって、考古学一筋、もっとも油が乗ったころの講演であったのである。以降、京都帝国大学をはじめ東亜考古学会、東方考古学協会の考古学的発掘調査を企画し、実施していくのである。*

* 浜田については前掲『浜田耕作著作集』（昭和六十二～平成五年、同朋舎出版）によって知ることができるが、『浜田先生追悼録』（昭和十四年十月）、藤岡謙二郎『浜田青陵とその時代』（昭和五十四年十二月、学生社）がその生涯と業績を知るうえに有用である。

〈東亜考古学会の設立と活動〉

二つの学会と協会

東亜考古学会と東方考古学協会、この二つの学会・協会については、浩瀚な『東方考古学叢刊』（甲種・B4判・六冊、乙種・A5判・八冊）と『考古学論叢』（二冊）によって広く知られている。とくに『東方考古学叢刊』は「東アジア考古学の基礎を築いたものであり、国内はもとより、国外でも非常に高く評価されている」（関野雄「考古学史・東アジア」『世界考古学大系』第一六巻、昭和三十七年十二月、平凡社）ものの、学会・協会の設立と役割、そして実際的な活動については意外に知られていない。

東方考古学叢刊

〔甲種〕

第一冊『貔子窩――南満州碧流河畔の先史時代遺跡――』浜田耕作（昭和四年三月）

第二冊『牧羊城――南満州老鉄山麓及漢以前遺跡――』原田淑人・駒井和愛（昭和六年十二月）

第三冊『南山裡――南満州老鉄山麓の漢代甎墓――』浜田耕作・島田貞彦（昭和八年七月）

第四冊『営城子――前牧城駅付近の漢代壁画甎墓――』森修・内藤寛（昭和九年十月）

第五冊『東京城――渤海国上京竜泉府址の発掘調査――』原田淑人（昭和十四年三月）

第六冊『赤峰紅山後――熱河省赤峰紅山後先史遺跡――』浜田耕作・水野清一（昭和十三年九月）

〔乙種〕

第一冊『内蒙古・長城地帯――蒙古細石器文化・綏遠青銅器及支那北疆縄蓆文土器遺跡――』江上波夫・水野清一（昭和十年四月）

第二冊『上都――蒙古ドロンノールに於ける元代都址の調査――』原田淑人・駒井和愛（昭和十六年十一月）

第三冊『羊頭窪――関東州旅順鳩湾内における先史遺跡――』金関丈夫・三宅宗悦・水野清一（昭和十八年三月）
第四冊『蒙古高原前篇――錫林郭爾・烏蘭察布に於ける地質・古生物・人類の調査――』直良信夫・赤堀英三ほか（昭和十八年六月）
第五冊『万安北沙城――蒙疆万安県北沙城及び懐安漢墓――』水野清一・岡崎卯一（昭和二十一年十二月）
第六冊『対馬――玄海における絶島、対馬の考古学的調査――』水野清一・樋口隆康・岡崎敬（昭和二十八年一月）
第七冊『邯鄲――戦国時代趙都城址の発掘――』駒井和愛・関野雄（昭和二十九年三月）
第八冊『陽高古城堡――中国山西省陽高県古城堡漢墓――』小野勝年・日比野丈夫（平成二年七月）

東亜考古学会の創設

昭和二年（一九二七）三月二十六日、東京帝国大学を会場として、東亜考古学会の発会式と東方考古学協会の第二回総会があわせて挙行された。

東亜考古学会創設の目的は「東亜諸地方ニ於ケル考古学的研究調査」（「東亜考古学会会則」第二条）であったが、その「目的ヲ遂行センガ為メ本会ハ同種ノ目的ヲ有スル他ノ機関ト協同聯盟《れんめい》スルコトアルベシ」（同第三条）と謳われていた。この学会の創立者の一人であった浜田耕作は「我ガ東亜考古学会ノ目的トスル所ハ、東亜諸地ノ考古学的研究ヲ促進シ、併《あわせ》テ各国特ニ隣邦中華民国ノ考古学界ト親好ナル友誼《ゆうぎ》ヲ渥《あつ》クシ、知識ヲ交換スルニアリ」（東方考古学叢刊　甲種　第一冊『貔子窩《ひしか》』序言）と述べた。会則の第三条にみえる協同の機関とは、馬衡が主催する北京大学考古学会であった。

ここにおいて東亜考古学会と提携する学会として北京大学考古学会の存在が重要であり、日本の東亜考古学会と中華民国の北京大学考古学会とが協同して「東方考古学協会」が結成されたのである。否《いな》、北京大学考古学会と提携して協同調査を実施する日本側の受け皿として組織されたのが東亜考古学会であった。

その東亜考古学会の経費は「寄附金ヲ以テ之ニ充ツ」（会則第一〇条）と定められていた。もちろん会員に関する規定もあった。「新ニ本会々員タラントスル者ハ既ニ会員タル者ノ推薦ニ基キ委員会ノ同意ヲ経テ決定ス」（会則第四条）ることになっていたが、ほかに「本会ノ趣旨ヲ賛同シ金五〇〇円以上ヲ寄附シタル者ヲ賛助会員トス」（同）とあり、会員と賛助会員との二種であった。

このように定められていた東亜考古学会の会則、さらにその活動に関する「寄附金」については従来必ずしも明らかでなかった。そこで会則の全文を掲げておきたい。

東亜考古学会々則

第一条　本会ハ東亜考古学会ト称ス
第二条　本会ハ東亜諸地方ニ於ケル考古学的研究調査ヲ以テ目的トス
第三条　前条ノ目的ヲ遂行センガ為メ本会ハ同種ノ目的ヲ有スル他ノ機関ト協同聯盟スルコトアルベシ
第四条　新ニ本会々員タラントスル者ハ既ニ会員タル者ノ推薦ニ基キ委員会ノ同意ヲ経テ決定ス
本会ノ趣旨ヲ賛同シ金五〇〇円以上ヲ寄附シタル者ヲ賛助会員トス
第五条　本会ハ適当ナル場所ニ研究室ヲ置キ必要ナル各種ノ設備ヲ為シ会員ノ便宜ニ供ス
但シ会員外ノ者ト雖モ会員ノ紹介アル場合ハ会員同様ノ便宜ヲ与ヘラルルコトアルベシ
第六条　本会ハ其研究調査ノ結果ヲ日中欧文ヲ以テ報告シ之ヲ広ク学会ニ発表ス
本会ノ調査ニ依リテ得タル資料ハ其調査地ノ属スル国ニ之ヲ置クモノトス

第七条　本会ニ左ノ役員ヲ置ク
　会長　壱名
　委員　若干
　幹事　若干
但シ委員中若干名ヲ互選シ常務委員トス
第八条　会長ハ本会ヲ代表シテ会務ヲ総理シ委員ハ本会ノ研究調査ニ関スル事務ヲ執行シ幹事ハ庶務会計ヲ処理ス
第九条　会員総会ハ毎年一回便宜ノ地ニ於テ開キ委員会ハ随時之ヲ開ク
第十条　本会ノ経費ハ寄附金ヲ以テ之ニ充ツ
附則
一、創立ノ際ニ於ケル委員ハ発起人ヲ以テ之ヲ充ツ
二、本会ヘノ通信ハ当分ノ内東京市外池袋五〇一番地本会仮事務所ニセラレタシ
三、本会研究室ハ先ヅ之ヲ中華民国北平ニ置ク

◇

東亜考古学会々則追加

第七条　第一項ノ第二行ニ「会長　壱名」ヲ加フ
第八条　第一項ノ第一行ニ「会長ハ本会ヲ代表シテ会務ヲ総理シ」ヲ加フ
役員名簿ニ「会長　侯爵　細川護立」ヲ加フ

初期の活動

東亜考古学会の初期の活動に関する資料が外務省の外交史料館に所蔵されていることを突きとめたのは小林知生であった（「東亜考古学会初期の頃」『東亜考古学会懐古』昭和五十六年七月、雄山閣出版）。

小林は『東方考古学叢刊』甲種が復刻されるにあたり、東亜考古学会の発足と活動をめぐって独自の調査を遂行したのである。

外務省の記録（「出版助成関係雑件」H6204-I）のなかに「東亜考古学会ノ事業概要」（謄写印刷九ページ、昭和十一年か）、および「東亜考古学会々則」（昭和四年後半以降のもの）が収められていた。事業概要には、「創立、発掘及探検、研究員ノ養成、研究報告出版、考古学論叢、講演、出版物ノ交換寄贈、財政、国際学界ニ於ケル地位、将来ノ事業方針」について記されていた。

また、「研究助成関係雑件」（H6203第一～一一巻）には、東亜考古学会関係の助成金下附願」、調査地の治安に関する調査国への配慮、発掘地からの書簡などが含まれていた。

これらの記録によって、東方考古学協会の日本側の学会——東亜考古学会の実態が明瞭に把握されてくる。

東亜考古学会発の文書は、初期のころ（大正十五年八月〜昭和四年中ごろまで）には、「常務委員浜田耕作、同原田淑人《よしと》、幹事島村孝三郎」の名義であったが、昭和五年以降は「会長細川護立《もりたつ》」名義となる。このことは、細川会長の就任以前は、常務委員が会を代表していたことを示している（東亜考古学会の発起人は、服部宇之吉・狩野直喜・池内宏・羽田亨であった）。

貔子窩の発掘

東亜考古学会が最初の発掘調査を実施したのは「貔子窩《ひしか》」（関東州）であった。この調査に関し、会則第一〇条の「寄附金」—「助成金下附願」が大正十五年（一九二六）八月付、外務大臣男爵幣原喜重郎《しではらきじゆうろう》に提出された。

貔子窩調査助成金下附願

一金壱万円也

右ハ、本年秋期関東洲貔子窩管内ニ於テ別紙予算ヲ以テ、中華民国北京大学考古学専門諸氏ト共同シ貝塚発掘研究ニ要スル費用ニ有之候処、貴省ノ御援助ニ依リ本事業ノ達成ヲ図リ度候条、助成金トシテ御下附相成様、特別ノ御詮議ニ預リ度、此段御願申上候也。

大正十五年八月

東亜考古学会常務委員　浜田耕作
原田淑人
幹事　島村孝三郎

外務大臣
男爵幣原喜重郎殿

提出者は、常務委員浜田耕作、原田淑人、幹事島村孝三郎であった。この「助成金下附願」とは、「東亜考古学会ノ事業概要」の「財政」項に「主トシテ外務省文化事業部ノ助成ニヨル」と見えている文言にあたる。「寄附金」とは、まさに外務省の文化事業部より支出されたことが明らかであった。

大正十五年八月といえば、東亜考古学会の組織が完成したのが大正十四年の秋、その東亜考古学会と北京大学考古学会とが提携して発足した東方考古学協会の発会が大正十五年六月のことであり、東亜考古学会――日本側が、いち早く彼地における発掘調査の実現を画策していたことが明瞭である。

上　『貔子窩－南満州碧流河畔の先史時代遺跡－』（東方考古学叢刊 甲種 第1冊，昭和4年）

下　『羊頭窪－関東州旅順鳩湾内における先史遺跡－』（東方考古学叢刊 乙種 第3冊，昭和17年）

貔子窩（P'I-TZU-WO）は、遼寧省普蘭店の近くに存在する遺跡で、単砣子《たんだし》と名付けられた小島とその対岸の高麗寨《こうらいさい》と呼ばれる台地上の二つの地点の総称である。前者は新石器時代、後者は新石器時代から戦国〜漢代におよぶ遺跡であることが明らかにされた。この発掘は、浜田の指導により昭和二年（一九二七）四月末から五月にかけての一五日間にわたって実施され「従来新種遺跡に就いて未だ試みる機会を得なかつた精密にしてより完全なる学術的調査を遂行し、従ってその結果一層確実にして一層信拠すべき資料を考古学界に提供」（『貔子窩』結論）することになったのである。日本側の参加者は浜田のほか原田・小牧実繁・島田貞彦・田沢金吾・宮坂光次、北京大学から馬衡・沈兼士、そしてハルビン博物館のトルマチュフなどであった。

その報告書は「東方考古学叢刊」（B４判）の甲種第一冊『貔子窩――南満州碧流河畔の先史時代遺跡――』と題して昭和四年三月に刊行された。

東亜考古学会は、その後、関東州を中心にあいついで発掘調査を実施するところとなったのである。

燕城の発掘

昭和五年二月四日付、燕《えん》城跡（河北省易県）の発掘「助成金下附願」が「東亜考古学会会長細川護立」名義によって外務大臣幣原宛に提出された。

これに対して外務省の決裁文書には「……今回北京大学考古学会ハ教授馬衡氏ヲ主脳トシテ、本年四月解氷期ヲ待チ、該遺跡ノ組織的発掘調査ヲ行ハンコトヲ企図シ、我カ東亜考古学会ニ対シ共同参加ヲ慫慂《しょうよう》シ来リタルニ付キ、之ニ参加致度《いたしたき》趣《おもむき》ヲ以テ、右経費助成方ニ関シ同会会長侯爵細川護立氏ヨリ、別紙ノ通願出アリタリ……」と見えている。この戦国時代の燕の下都の発掘は、北京大学の馬衡のほか荘厳・常恵・伝振倫の参加によって実施され、東亜考古学会から原田淑人などが参加したが、その主体は一九二八年（中華民国十七年）に成立した北平研究院であった。

北平研究院の燕の城跡発掘に対して「助成金」が「下附」されたことは、決裁文書の存在によって明らかであるが、それは東方考古学協会の中華民国側の受け皿であった北京大学考古学会よりの要請を東亜考古学会が諒承したからであろう。そのため原田淑人をはじめ駒井和愛《かずちか》・水野清一・江上波夫が招聘《しょうへい》されて発掘現場にのぞんだ。

〈東方考古学協会とその活動〉

東方考古学協会の設立

東方考古学協会の設立については意外に明らかではないが、それに直接に関与した島村孝三郎の断片的な追想（「浜田耕作君を追想す」『考古学論叢』第八輯、昭和十三年八月。「東亜考古学会の創立に就て青陵博士を追憶す」『浜田先生追悼録』前出）によれば次のような経過によるものであった。

大正十五年（一九二六）のことである。浜田耕作と島村は北京の扶桑館に宿泊して、六国飯店に蟄居していた北京大学研究所長の蔣夢麟と中国の歴史史料に関する意見の交換を行っていた。日本側はすでに大正十四年の秋に設立の準備を完了していた東亜考古学会の会則「本会ノ調査ニ依リテ得タル資料ハ其調査地ノ属スル国ニ之ヲ置クモノトス」（第六条）などを材料として日中共同の調査研究組織の結成について意見を開陳した。当時の中国では、アメリカのアンドリウス蒙古探検隊の搬出荷物が問題になっていたし、またスエン・ヘデンの新疆《しんきょう》旅行も話題になっていたのである。

浜田の主張は蔣の意見とも一致し、早速に中国側の人選が進んでいった。そして「北京大学考古学会与日考古学会之暫定協定如左……」とする「三条」からなる協定が署名された。六月のことである。

委員長には蔡元培が推され、中国側委員として李四光（地質）・沈兼士（国学）・徐炳昶（哲学）・朱希祖（史学）・陳垣（史学）が、幹事として馬衡（金石学）が就任した。
暫定協定に見えるように中国側は北京大学考古学会であったが、日本側は日本考古学会ではなく東亜考古学会が実際の役割を果たすものであった。日本側の委員については資料が伝えられていないようであるが、浜田と原田淑人、幹事を島村が担当したことは確実である。そして協会の幹事には北京在住の小林胖生が就任した。協会の委員長の蔡元培は、そのころ上海に逗留していたので、中国側の馬衡と日本側の島村の両名、そして小林がもっぱらことにあたることになったのである。

設立の目的　東方考古学協会は、大正十五年六月、北京大学第二院において第一回の総会を開催した。

この協会は、中華民国側の北京大学考古学会（北京大学研究所国学部門に開設された考古学の活動を促進するために設立されたという）と日本側の東亜考古学会（大正十四年の秋に組織が完成されていたという）とが提携して「東亜諸地方」の考古学的研究調査を発展せしめるために結成された。これによって「日支学会の提携は益々親密を加へ、其の協同研究の実は漸次見る可きものあることを予想せらるゝのであつて、之に由つて東亜両国の学会のみならず、世界の学会に貢献するに至る可きことは、疑を容れない所である」（浜田耕作「東方考古学協会と東亜考古学会のこと」『民族』第二巻第四号、昭和二年五月）と高らかに唱えられた。

かかる東方考古学協会の設立については、前記のように浜田が島村とともに北京大学研究所長の蔣夢麟の同意を得て実現されたのであったが、一九二〇年代の後半、大正の終わり近くに、中国における協同調査の相談が進んでいたようであり、当初その目的は殷墟《いんきょ》の発掘にあったようである。

殷墟の発掘は、中央研究院の董作賓・李済によって実施され『安陽発掘報告』第一冊が公にされるなど意欲的であったが、現地の河南省の反対、そして開封博物館の関百益の発掘が行われ混沌としていた。一方、中央研究院（一九二七年成立）に対して一年遅れて成立された北平研究院は、北京大学そして東亜考古学会と密接に連絡しあって河北省において調査を進めていった。このような情勢下において殷墟の発掘は転換され、関東州に視点が移っていったようである。

総会と『考古学論叢』

東方考古学協会の第一回総会は、設立のセレモニー的なものであったが、昭和二年三月二十六日に東京帝国大学において第二回の総会が開催された。当日は、東亜考古学会の発会式と第一回総会にあたり、中華民国より沈兼士（北京大学研究所国学門主任教授）、馬衡（北京大学教授）、羅庸諸（国立歴史博物館編輯主任）が参加した。

第二回総会に際して講演会が開催され、

模製考工記車制述略……………………………羅　庸
中国之銅器時代……………………………………馬　衡
従古器欵識上推尋六書以前之文字画…………沈　兼　士
漢代の絵絹……………………………………………原田淑人
支那の古玉器と日本の勾玉《まがたま》……………………浜田耕作

のほか、池内宏も演じるところがあった。

右の講演は、昭和三年（中華民国十七年、一九二八）七月に『考古学論叢』一に収められ、東亜考古学会と東方考古学協会の連名（代表者島村孝三郎）で出版された。

このころ、日本の考古学研究者は東方考古学協会の活動と『考古学論叢』一の刊行をど

左『考古学論叢』1（東亜考古学会第1回総会及東方考古学協会第2回総会講演論文集，昭和三年）

下『考古学論叢』1の本文の一例

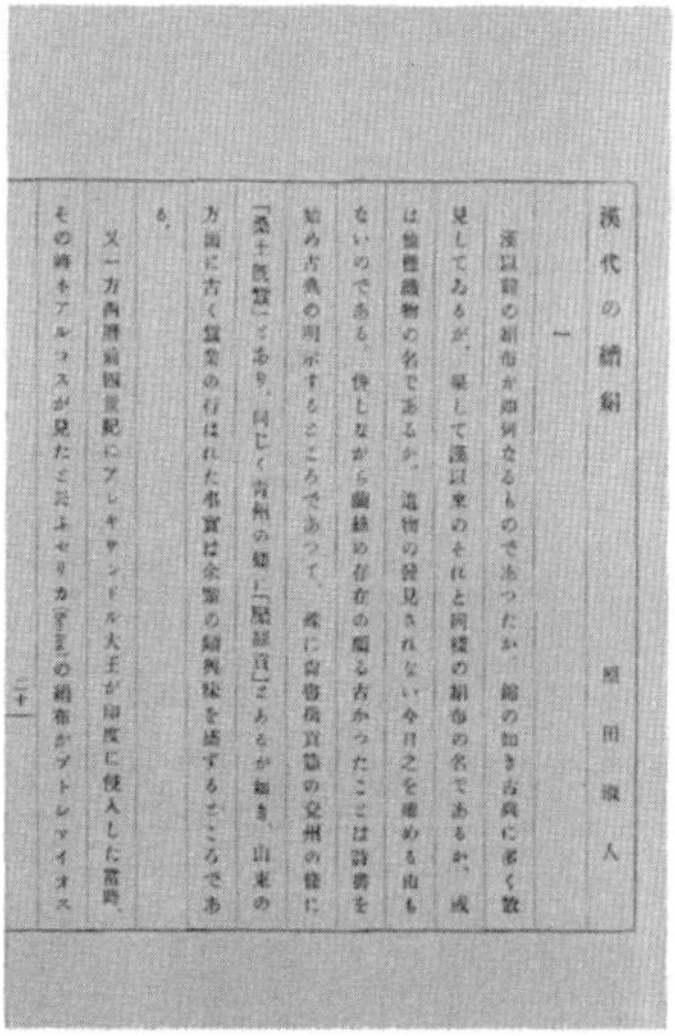

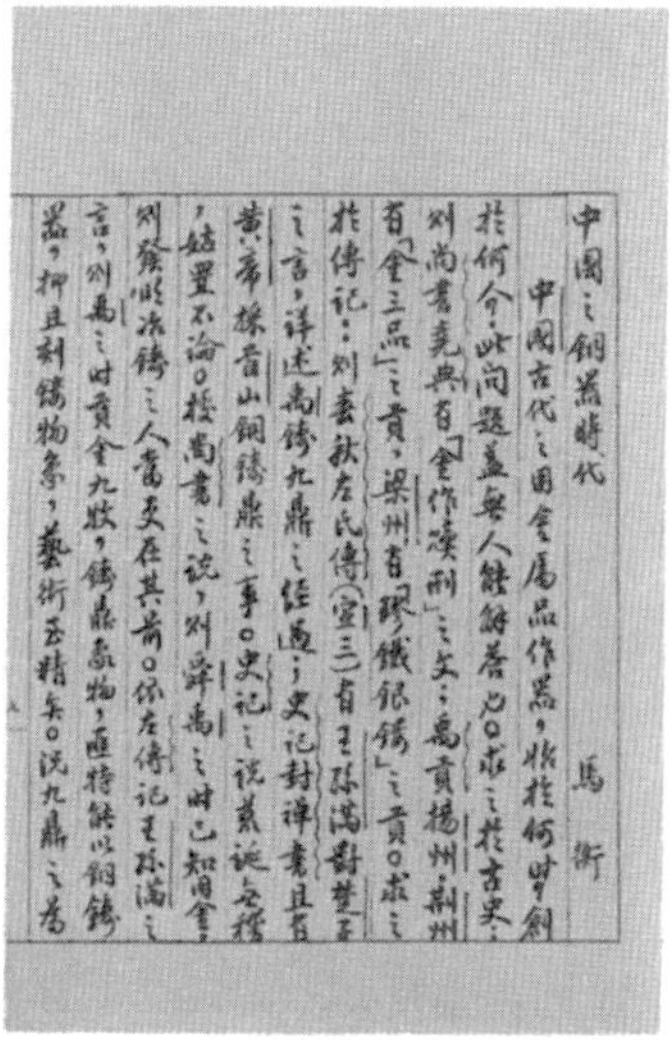

のように見ていたのであろうか。それに対して興味ある発言をしているのは森本六爾《ろくじ》である。森本は「私は日本学者が、支那学者と提携して、東方考古学協会をつくられた、時代の気運と要求を思ふにつけて、同会最初の出版書として、此書に、同会の未来を祝福したい」（新刊紹介「考古学論叢」『考古学研究』第三年第一号、昭和四年六月）と。

東方考古学協会の総会は、その後、第三、第四回と開催され、講演会がもたれた。その内容をもとに『考古学論叢』二が昭和五年五月に出版された。収められたものは次の通りである。

戈戟之研究　馬　衡
新嘉量之校量及推算　劉　復
天津北疆博物院の古生物学的調査並に考古学的事業　エ・リサン
元の海青牌も就きて　羽田　亨

東方考古学協会の発足とその前提的学会組織として設立された東亜考古学会は、昭和の考古学の方向を示すものであった。

東方考古学協会の発足によって、日中両国間に留学生が交換されることになった。

東亜考古学会の留学生たち

中国側の第一回の留学生は荘厳（のちに台湾故宮博物院長）であった。一方、日本側からは駒井和愛が派遣された。昭和三年の春のことである。以降、日本側は、駒井についで水野清一、江上波夫、田村実造、三上次男、小林知生、赤堀英三、関野雄などが、あいついで北京に派遣された。*

＊　駒井和愛博士記念随筆集『琅玕』（昭和五十二年）『琅玕（補）』（昭和五十三年）に東亜考古学会関係の文および写真が収められている。「東大山上会議所における東亜考古学会発会・東方考古学協会第三回総会（昭和二年三月二十六日）の写真は貴重である。
水野清一『東亜考古学の発達』（古文化叢刊、昭和二十三年、大八洲出版）は、東亜考古学会の活動状況を知るために必須の文献である。

江上波夫『学問の探検』（昭和六十年）および『人間・江上波夫』（平成四年）には、江上を中心とする東亜考古学会のことなどが記されている。

田村実造「蒙古の旅―ソ連人とまちがえられた話―」（『東亜考古学会懐古』昭和五十六年）および『慶陵調査紀行』（平成六年）には、東亜考古学会留学生時代およびその後の調査をめぐることについて触れられている。

三上次男『春日抄』（昭和六十三年）には「大陸での四つの調査」など東亜考古学会の留学生時代の回顧録が収められ、「東京城と赤峰調査」（『東亜考古学会懐古』昭和五十六年）にはその頃のことが回想されている。

小林知生「東亜考古学会初期の頃」（『東亜考古学会懐古』昭和五十六年）は、東亜考古学会のことを知るためにはきわめて貴重な一文である。

赤堀英三「熱河大廟―旅の思い出―」（『東亜考古学会懐古』昭和五十六年）と『原人の発見』（鎌倉選書、昭和三十三年）は、東亜考古学会留学生時代の回想録と「かつて隣邦において学んだもののメモ」である。とくに後者は「北平学派の先史学」との副題をつけたい希望をもった著作である。

関野雄は、昭和十四年五月より同十六年四月まで、「外務省留学生」として北京に学び「華北」各地を調査し、東亜考古学会の発掘にも参画した。それらの成果については『平瓦当の研究』（昭和二十七年、岩波書店）『中国考古学研究』（昭和三十一年、東京大学出版会）に収められている。

東亜考古学会が派遣する留学生は、東京・京都両帝国大学から交互に「考古学、古代史学、人類学などを専攻しようとする若い学者」が選ばれたが、それは「北京を中心に中国の歴史的環境に馴染ま」せることが目的の一つであった（八幡一郎「考古学界の転換期」『東亜考古学会懐古』昭和五十六年）。

京都の浜田耕作、東京の原田淑人などによるこの企画は成功し、大陸における考古学的調査の「機動力」となったのである。

東亜考古学会派遣の留学生は、同会が外務省の文化事業部の外郭団体的役割りをもっていたため、単なる学会の留学生ではなかった。東亜考古学会それ自体が、「対支文化事業」の一環として運営されていたからである。「対支文化事業」は、義和団事件に関しての清朝からの賠償金による「文化事業」であり、東方文化学院（東京・京都）、自然科学研究所（上海）、人文科学研究所（北京）の設立、農事試験所（青島）の経営などがあった。

東亜考古学会の留学生は、人文科学研究所の図書館長杉村勇造などの好意をえて、初期の目的達成のため、中国各地を旅行して見聞を広めていったのである。なかでも、昭和五年の江上波夫・水野清一による「内蒙古及び長城地帯」の調査、同六年の江上・赤堀英三（東亜考古学会蒙古調査班）による「内蒙古（錫林郭爾地方、烏蘭察布）」の調査、同七〜九年の水野・駒井和愛・三上次男による「北満」の調査、同十五、十六年の関野雄による「斉都臨淄」の調査は学界の注目を浴びたものであった。*

＊　江上波夫・水野清一『内蒙古・長城地帯—蒙古細石器文化・綏遠青銅器及支那北疆縄蓆文土器遺跡—』（東方考古学叢刊　乙種　第一冊、昭和十年）。

東亜考古学会蒙古調査班『蒙古高原横断記』（昭和十二年）。初版は昭和十二年、新装の増訂再版

は昭和十六年九月に刊行された。再版の例言には「現時臨戦下の時局重大にして、我国人の東亜に関する正常なる理解の益を要求せられをる時」と記されている。学術的な本報告は『蒙古高原』前篇（東方考古学叢刊　乙種　第四冊、昭和十八年）が公にされたが、その前篇は「錫林郭爾・島蘭察布に於ける地質・古生物・人類の調査」に関するもので、後篇は「考古学に関するもの」が収められることになっていたが未刊。

水野清一・駒井和愛・三上次男『北満風土雑記』（昭和十三年、座右宝刊行会）。

一年ないし二年の留学を修了した留学生達は、その間にえた研学の成果をもとに、東亜考古学会の調査事業と研究*に積極的に関与していったのである。

＊　駒井和愛と江上波夫の共同執筆による『東洋考古学』（『世界歴史大系』2、昭和九年五月、平凡社）は、東亜考古学会による留学生派遣成果の最たるものの一つであろう。この本は昭和十三年五月に再版されたが、後に『世界歴史大系』本とは別に『東洋考古学』と題し単行本として刊行され、昭和十四年九月に初版、同十八年四月には六版が刊行された。大系本と単行本は同一内容で、江上・駒井の「東亜考古学」と後藤守一の「日本考古学」より構成されている。なお、この単行本は、昭和二十年代の前半に「A」「B」に分割され、二分冊として刊行された。

また、駒井『東亜考古学』（昭和二十七年）もその延長線上のものであろう。

北京の六国飯店そして北京大学において協会の発足をめぐり日中の関係者が意見の交換をしていたころ、日本においては東京帝国大学人類学教室によって千葉県姥山貝塚《うばやまかいづか》の発掘が実施され、石器時代遺跡の組織的調査による研究が着手されていた。

また、日本で最初の『考古学講座』(大正十五〜昭和三年、国史講習会・雄山閣出版)の配本が開始され、大正考古学の決算的な成果がまとめられつつあったのである。

民間考古学の勃興

〈たった一人の考古学研究所〉

直良信夫と研究所　大正十五年（一九二六）一月一日、直良《なおら》石器時代文化研究所からコンニャク版による一冊の本が刊行された。直良信夫著『播磨国明石郡垂水村山田大蔵山遺跡の研究』である。この本には、タイトルのほか「直良石器時代文化研究所所報第一輯　石器時代に於ける日本の研究第一群の第一号」と右肩に書かれていた。

著作兼発行および印刷者は、東京市芝区車町八二番地の直良信夫、発行所は同住所の直良石器時代文化研究所である。菊二倍判、本文五八ページ、図版一九葉で、三〇部が印刷

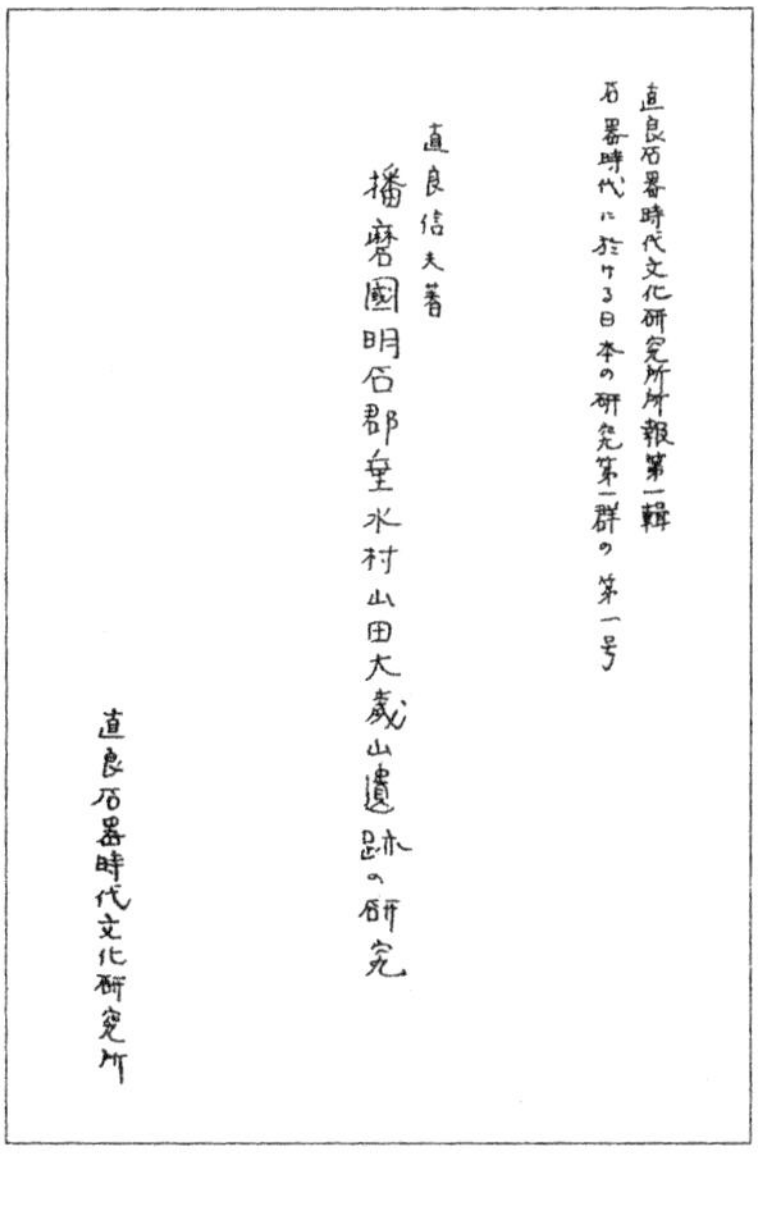
直良石器時代文化研究所所報第一輯
石器時代に於ける日本の研究第一群の　第一号
直良信夫著
播磨國明石郡垂水村山田大歳山遺跡の研究
直良石器時代文化研究所

直良信夫（明治35～昭和60年）肖像と『播磨国明石郡垂水村山田大歳山遺跡の研究』（「直良石器時代文化研究所所報」第1輯，大正15年）

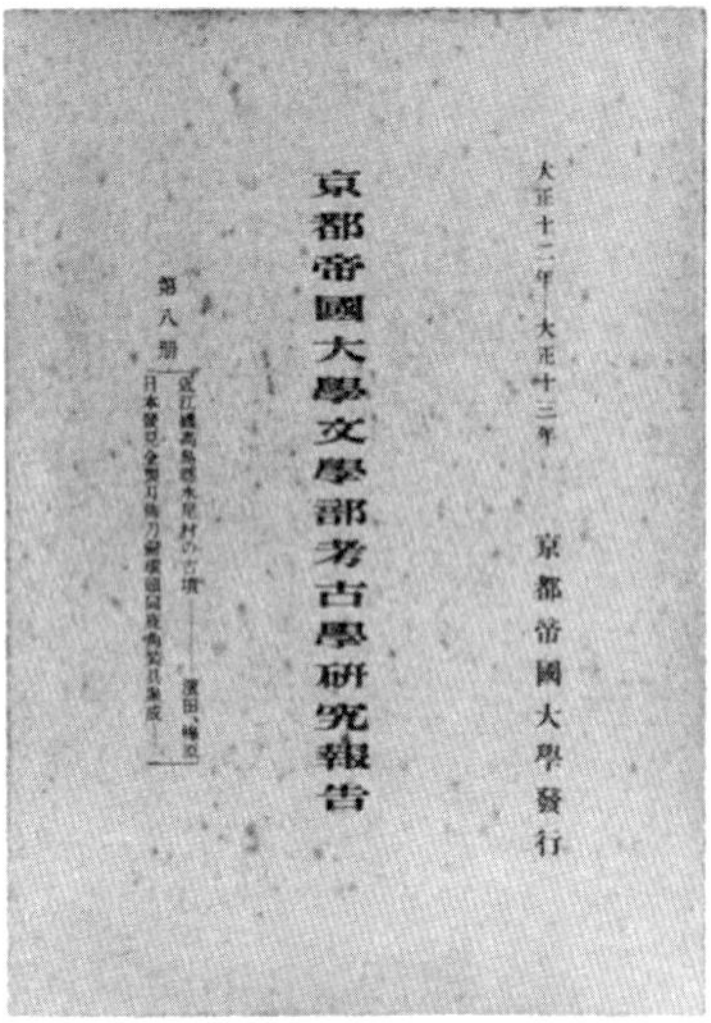

上　『京都帝国大学文学部考古学研究報告』第8冊（大正12年）
下　『東京帝国大学理学部人類学教室研究報告』第4編（昭和2年）

されたという。

直良石器時代文化研究所は、大正十四年に明石市大蔵谷小辻二五四二ノ一に開所された「たった一人」の研究所であった。

この研究所と「所報」について、あらためて紹介したのは春成秀爾である。若いころ、直良の学問に傾倒していた春成は、直良の没後その学問の軌跡を整理し、さらに「明石原人」問題に没入した。

「所報」の第一輯が刊行された年の三月には第二輯が、こえて昭和二年（一九二七）六月には第三輯が刊行された。そして、昭和五年五月に第四輯、十一月に第五輯、あくる六年十一月に第六輯、つづいて七年三月に第七輯が刊行されて終わった。発行部数は三〇部（一）、二七部（二）、一五部（三）、三五部（四）、二〇部（五）、一三部（六）と伝えられている。

大正の末年から昭和の初頭にかけて、研究所を設け、その研究成果を「所報」として刊行した直良信夫。その意気は「京都帝国大学文学部考古学研究報告」を、そして「東京帝国大学理学部人類学教室研究報告」を睨《にら》んだものであったことを容易に推察することができる。

「所報」の発行

大正末年から昭和の初頭にかけて、東・西の帝国大学より刊行された二つのシリーズには、京都の『出雲上代玉作遺物の研究』(研究報告第一〇冊、昭和二年三月)、『筑前須玖史前遺跡の研究』(研究報告第一一冊、昭和五年八月)、『讃岐高松石清尾山石塚の研究』(研究報告第一二冊、昭和八年五月)、東京の『注口土器ノ分類ト其ノ地理的分布』(研究報告第四編、昭和二年十一月)、『下総姥山ニ於ケル石器時代遺跡——貝塚ト其ノ貝層下発見ノ住居址——』(研究報告第五編、昭和七年十二月)が収められた。ともにB５判、コロタイプ刷図版を使用した本文一〇〇ページ前後の瀟洒《しょうしゃ》な装丁で学界を魅了していた。発行は刀江書院と岡書院であった。当時、考古学関係の出版を手掛けていた出版社である。執筆には、京大と東大に所属する錚々《そうそう》たる学者が分担であたった。日本を代表する京都帝国大学と東京帝国大学の考古学研究に、敢然と挑戦するかの趣をもって徒手空拳、たった一人の研究所から「所報」が公にされたのである。

『播磨国明石郡垂水村山田大歳山遺跡の研究』(第一輯)を皮切りに、『武蔵国豊多摩郡武蔵野村井之頭池畔遺跡之一括遺物について——石器時代に於ける人類と馬との生活的関係——』(第二輯)、『中ノ御堂砂丘遺跡』(第三輯)、『銅鐸と石器伴出銅鏃の関係』(第四輯)、『山陰道発見の縄紋式土器』(第五輯)、『日本海海岸に於ける石器伴出銅鏃の研究』(第六輯)、

『日本新石器時代貝塚産貝類の研究』（第七輯）とつづいた。

当初、コンニャク版であった印刷は、第三輯から謄写版となった。第一〜三輯は菊二倍判、第四〜六輯は菊判、本文は七〜五八ページ、図版一〜一九葉の「所報」は、東・西の帝国大学の「研究報告」に比肩すべきものではなかったが、直良にとって、「本格的に考古学研究者として立とうと決意を固め、自宅を研究所と称して、そこから発行した」（春成秀爾「直良信夫氏と大歳山遺跡」『大歳山遺跡の研究』昭和六十二年十一月、真陽社）のが「所報」であった。とくに、その第一輯としてまとめられた大歳山遺跡の研究は、その後六十余年をへた後においても大歳山遺跡研究の基準文献として学界に膾炙《かいしゃ》されている。もって瞑すべし、というべきであろう。

直良と日本古代文化学会

「所報」の発行を独りつづけていた直良は、昭和六年四月十八日、あの「明石原人」腰骨を明石市西八木の海岸で採集した。* それは「播磨国西八木海岸洪積層中発見の人類遺品」を『人類学雑誌』（第四六巻第五・六号）に発表した直後のことであった。

＊　明石原人の発見で脚光を浴びた直良信夫の生涯については、いくつかの伝記などが公にされている。

①『学問への情熱―「明石原人」発見から五十年―』（昭和五十六年十月、佼成出版社）は、直良著となっているが、渡辺誠の執筆。「学究生活者としての直良信夫伝をえがいている」（直良）。
②『明石原人の発見―聞き書き・直良信夫伝―』（昭和五十二年九月、朝日新聞社）は、高橋徹が直良自身からの「聞き書き」によって執筆したもの。
③『見果てぬ夢「明石原人」―考古学者直良信夫の生涯―』（平成七年十二月、時事通信社）は、直良三樹子（直良の長女）の執筆。
④『直良信夫と考古学研究』（平成元年十月、吉川弘文館）直良の弟子の一人――杉山博久が、直良の業績を論じた書。
⑤『「明石原人」とは何であったか』（平成六年十一月、日本放送出版協会）、「明石原人」に格別の愛着をもち、かつ若い日に直良の学問に傾倒した春成秀爾がまとめた「明石原人」始末記。
⑥「石の骨」（『別冊文藝春秋』四八、昭和三十年）、松本清張が直良をモデルとして書いた短編小説（『或る「小倉日記」伝』所収。昭和三十三年十二月、角川文庫）。

その間、昭和二年には森本六爾の考古学研究会に加わって健筆を揮い、さらに考古学研究会の発展的組織――東京考古学会の中枢メンバーとして活躍するにいたった。

そして、昭和七年十一月には、東京都中野区江古田に居を移し、研究活動を展開していく。

「たった一人の研究所」から学界に登場した直良にとって、その後の研究活動は決して安穏ではなかった。昭和十六年、東京考古学会は、考古学研究会・中部考古学会と合併して日本古代文化学会となった。日本考古学界の在野勢力が協同して結成された日本古代文化学会は、「大東亜共栄圏構想」に共鳴する中核メンバーによって運営されていったが、そのなかに直良が加わっていたのである。

〈考古学研究会から東京考古学会に〉

東京帝室博物館と根岸学派

昭和二年（一九二七）七月、考古学研究会から『考古学研究』第一輯が刊行された。編輯者森本六爾、発行所は四海書房。

考古学研究会は、森本と坪井良平を中心とし、三輪善之助・榧本《かやもと》亀次郎などによって組織された民間の考古学研究の集いであった。その会が、菊判八〇ページの会誌を刊行することができたのは坪井の尽力と四海書房の協力の賜物であったが、その実現を推進したのは森本であった。

森本は、すでに『考古学雑誌』に論文を発表していたが、どうしても自分たちの雑誌が欲しかった。奈良から上京して、東京帝室博物館の高橋健自をたより、その紹介で東京高等師範学校の校長三宅米吉の知遇をえていた森本は、三宅のもとで四海書房と近づき『考古学研究』誌の発行を可能にしたのである。

『考古学雑誌』を刊行する考古学会は、東京帝室博物館と密接な関係にあり、当時は博物館の高橋が中心となっていた。高橋は、博物館の歴史課長をつとめるかたわら、考古学会の事務所を自宅（東京市下谷区上根岸町）においていた。そのころの『考古学雑誌』には「新聞所見」と題する全国の新聞紙に報道された考古学関係の記事が紹介される欄があった。月刊の同誌に掲載される「新聞所見」は読者にとって新鮮な情報源であった。

月刊であった同誌の編集は日常的に行われていたが、その場所は高橋の自宅であった。そのため、そこに集う人たちに対して、誰いうとなく「根岸学派」との呼称が生まれた。

そのころの考古学会は、会長三宅米吉のもと、評議員に伊東忠太・今泉雄作・入田整三・大島義脩・黒板勝美・後藤守一・柴田常恵・下村三四吉・関保之助・関野貞・高橋健自・塚本靖・津田敬武・坪井九馬三《くめぞう》・鳥居龍蔵・沼田頼輔・原田淑人《よしと》・浜田耕作・正木直彦・溝口礼次郎・谷井済一・柳田国男が名をつらね、幹事には高橋健自・入田整三・後藤守一・石田茂作・高橋勇が参画していた。

その会則に「本会ハ、同志相集マリ考古学ノ研究ニ従事スルモノニシテ、其ノ目的ハ主トシテ遺物遺蹟ニ拠リ、古代ノ風俗制度文物技能ヲ明ニスルニアリ」と定められているよ

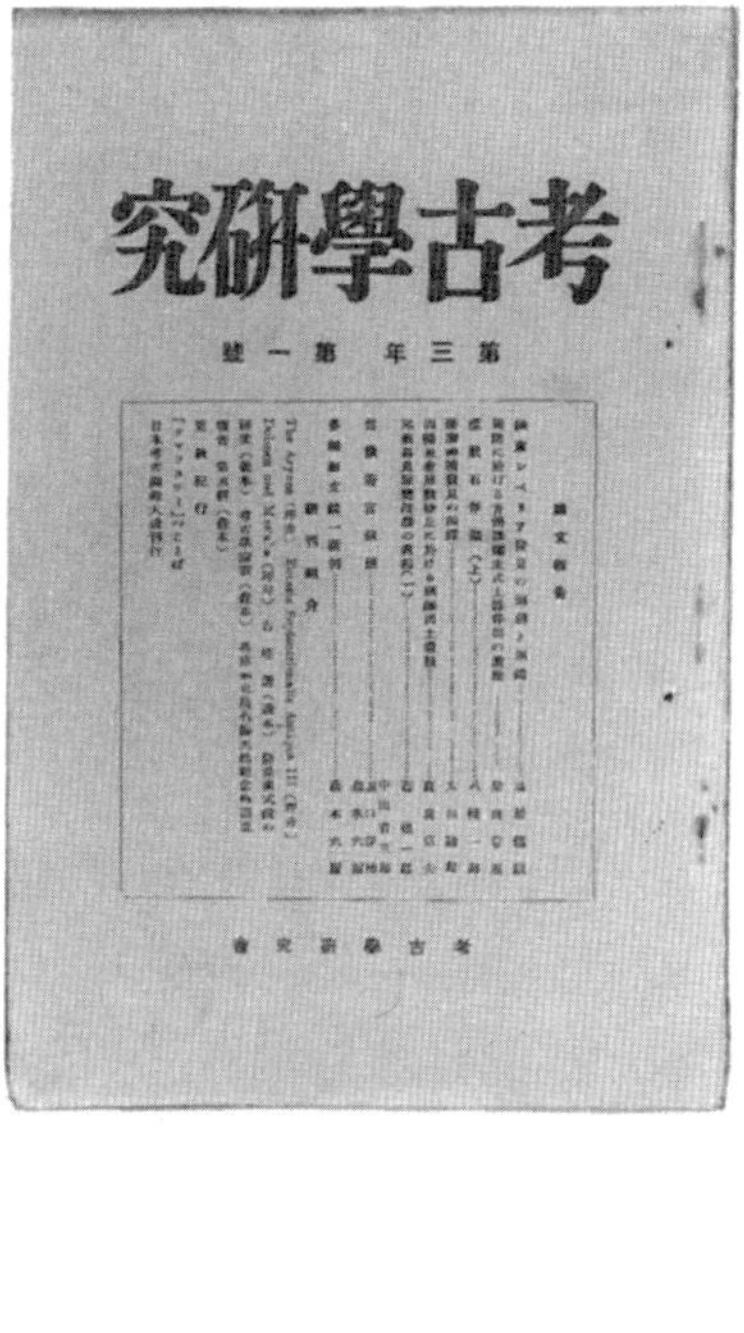

森本六爾（明治36～昭和11年）肖像と『考古学研究』第３年第１号（昭和４年）

うに、「古代ノ風俗制度文物技能」に眼を向けるものであった。月例の例会も、その主旨にそって風俗史・有職故実《ゆうそくこじつ》・建築史に関する分野の発表が多く、また年度の総会の開催にあたって所蔵家の「考古資料展観」が行われ、公開講演会（二名）の後、会務報告、席上演説、そして晩餐会が開かれるのが通常であった。

そこには、伝統的な一種の仲間意識に裏付けられた懇親の意が強く、講演・演説をめぐっての論議など外野の人たちの意がかなうはずもなかったようである。

一方、人類学会にあっても、東京帝国大学の人類学教室の同窓を中心とする傾向が濃く、部外者にとってはとかく受け入れがたい雰囲気が醸しだされていたといわれている。

森本六爾と考古学研究会

真摯に考古学に没頭したいと願う森本六爾にとって、既存の学会と馴染むには抵抗があったが、それにも増して自由に論文を発表する「場」が欲しかった。

考古学研究会を発足し『考古学研究』を発行することこそ、自らの欲求を充足させ、次のステップに発展させる糧として必要不可欠であったのである。森本はその「発刊の言葉」で、日本に於ける考古学の時代が漸くにして到達した。考古学が好事家と数寄者の手を離れて、その科学としての独自の地歩が一般に認識せらるる時代が、漸くにして廻り来たのである。しかし、それは必ずしも、無根拠ではない。

欧羅巴《ヨーロッパ》文明の行詰りは、各国の学者をして斉しく、新しき光を東方に求めんとする結果を招致し、東洋文化の本質を探求する為に、東洋考古学が重んぜらるる風潮が澎湃《ほうはい》として起り来たつた。しかも他面、物質文化の齎《もたら》した煩雑なる社会組織と人類を機械化せんとする傾向は、洋の東西を問はず、反動的に且つ必然的に、個人の懐古的感情を昂揚せしめて、美術と考古学との研究が燎原《りようげん》の火の如く熾《さかん》となつて来た。この二つの傾向は欧洲大戦後特に顕著である。必ずしも、埃及《エジプト》に於けるツタンカーメン王墓の発掘や、支那に於ける彩色土器の発見や乃至は朝鮮楽浪に於ける漢代遺物の出土のみが近時に於ける考古学流行の刺激ではない。

兎《と》まれ、この考古学の世界的流行が、史学に貢献する処の偉大なるべきは想察に余りある。単に彩色土器の支那に於ける出現のみにても、支那文明の淵源に対して、嘗《かつ》てリヒトホーフエン、ラコペリ及ポールの諸氏が提出した西方起源説に相当有力なる新しき支持を与へ得るものと見らるるに至つた。さすれば、その支那考古学の進歩と発展とが、勢ひ支那に関係深き日本に、無影響であり得る筈はない。

翻つて、日本自身に於ける考古学の年々の進歩は、例令《たとえ》ば高峻なる山岳の登攀《とうはん》にも似て、極めて僅かにその地歩を高むると共に、一歩は一歩よりその視界に入り来る人跡未踏の高山の際限なく打続けるを展開するのである。その石器時代に於ても、青銅器時代に於ても、重要なる問題は殆んど未開拓のまゝ残されてゐると云つてもよい。更に歴史時代に於ても、将来に於て書かるべき文化史の基礎は、当然考古学の上に打ち建てらるべき形勢を馴致しつゝあるが、その広大なる沃野は、殆んど未解決のまゝに放置されてゐる。

考古学の持つ希望は遠大であり、且つその前途は多難である。しかし遠大であり、多難であるだけに、今後の研究は嘱目され、期待される。その期待と嘱目とに添ひ得る途は、ただ不断の研究の外はない。

好学の風潮は研究を刺激する。真に考古学を愛し、之が発達を希《ねが》ふ人の一人でも多からん事は、考古学に志を有する者の一瞬も息《や》まざる念願である。こゝに『考古学研究』を江湖に送る。その発刊の目的は二途である。一つは学界に於ける研究発表の機関を増加して、聊《いささ》かにても考古学の進運に貢献せんとする希望と、今一つはこの種の定期刊行物を通じて好学の風潮を誘起して間接に研究の刺激たらしめんとする願望、之である。

この目的の達成と否とは、一に考古学に興味を有せらるる同好の士の好意的関心に繫《かか》る。切に諸賢の御援助を冀《ねが》ふ。

と、その抱負を述べている。

『考古学研究』は、その後、七冊を刊行して止んだ。その七冊目（第三年第一号）が発行されたのは昭和四年六月のことであった。

その年の十月十九日に高橋健自、十一月十一日に三宅米吉があいついで長逝した。森本にとって二人の恩師の逝去は、いやおうなく独立独歩の道を歩みはじめる契機となった。

昭和四年三月、大山柏の主宰する史前学会は『史前学雑誌』の創刊号を刊行した。『考古学研究』の停刊と『史前学雑誌』の創刊。それは昭和四年度の在野の考古学界にとって大きな出来事であった。

森本は不如意の考古学研究会を核にして新しい組織づくりに入った。そして四海書房、日東書院と出版元が変った『考古学研究』に代わる新しい雑誌の創刊を考えたのである。

当時の考古学関係の代表的な雑誌は、考古学会の『考古学雑誌』、東京人類学会の『人類学雑誌』であった。『史前学雑誌』の創刊で如上の二誌に一誌が加わることになった。

昭和四年の後半、考古学研究会にかえて東京考古学会を、『考古学研究』にかえて『考古学』を刊行する計画をたてた。『考古学』の出版は、中谷治宇二郎から紹介された岡書院より刊行する方向が定まった。岡書院とは、すでに『川柳村将軍塚の研究』（昭和四年二月）と『日本青銅器時代地名表』（昭和四年六月）の出版によって結びついていた。

東京考古学会へ

昭和五年一月、東京考古学会は『考古学』第一巻第一号を発行した。東京考古学会の同人には、森本・坪井・三輪そして谷木光之助という旧考古学研究会のメンバーに加えて、石野瑛・上原準・大場磐雄・徳富武雄・中谷治宇二郎・八幡一郎が賛同して、同人となったのである。

『考古学』はB5判の縦組、六八ページの体裁でスタートした。編集兼発行者谷本光之助となっているが、森本がすべてを掌握していたことはいうまでもなかった。

東京考古学会の発会について「今迄日本の考古学が辿つて来た道をふりかへり、これからの道を如何に進むべきかを考へて見る事が、少なくとも転形期にあると思惟せらるゝ我国考古学にとつて必要であり、且為さねばならない仕事と考へ、又若い人々の自由な発表機関を作り、斯学《しがく》の新しい方向へ延びて行かうとして吾東京考古学会は生れた」（『考古学』第一巻第二号「会報」）と高らかに宣言されているが、それはまさに森本が心境を率直に吐露したものというべきであろう。

森本が『考古学』をもって斯界の中心的雑誌にしようと意図したことは、論文・報告・書評・動向に加えて学界消息に意を配っていることによく現れている。そこには、官の学者と並んで在野の研究者の消息が等しく扱われているのである。

また、山内清男《すがお》が『史前学雑誌』（第一巻第二号、昭和四年五月）に論文（「関東北に於ける繊維土器」）を発表すると、さっそくに『考古学』（第一巻第三号、昭和五年三月）にも論文（「所謂亀ヶ岡式土器の分布と縄紋式土器の終末」）が掲載されたことにもその一斑を窺うことができるであろう。

その後、森本は渡欧、そして帰国の後『考古学』の第六巻までの編集を担当するが昭和十一年一月二十二日に逝去。この間、「満洲事変」が始まり「満洲国」の建国宣言、「国際連盟」脱退など、わが国をとりまく国際環境は激変の途をたどるが、それらについての記事はまったく見ることができない。脇目も振らずに、考古学一筋の途であった。

森本の死後、坪井良平そして藤森栄一などが編集と発行を引継ぎ、第七巻（昭和十一年）から第一一巻（昭和十五年）にいたった。

『考古学』と「外地」の考古学

東京考古学会が「内地」のみの考古学に眼を向けていたか、といえば決してそうではなかった。浜田青陵の「熱河赤峰遊記」(『考古学』第六巻第八号、昭和十年八月)を掲載し、「金海貝塚の新発見」(『考古学』第六巻第二号、昭和十年二月)を紹介し、「東亜考古学の座談会」(『考古学』第六巻第三・四・五号、昭和十年三・四・五月)を、浜田耕作・原田淑人・島村孝三郎・江上波夫・駒井和愛《かずちか》・三上次男・八幡一郎・甲野勇と森本によって開催したことは、すでに水野清一の「満蒙新石器時代要論」(『考古学』第五巻第八号代冊、昭和十年二月)を掲載したこととともに「外地」の考古学の情勢に無関心ではなかったことを示している。

昭和十一年に入って「朝鮮号」(『考古学』第七巻第六号、六月)を特集し、ロバート・ハイネ・ゲルデルンの「インドネシアに於ける考古学的調査」(坪井良平訳、『考古学』第七巻第一〇号、昭和十一年十二月)を紹介し、昭和十二年に榧本亀次郎・水野清一・小林行雄・七田忠志と坪井良平の「満鮮の文化を語る——榧本・水野両氏に物を聞く会——」(『考古学』第八巻第二号、二月)が掲載され、さらに八月の「編輯者より」に「北支の事態は急転頓《とみ》に緊張の度を加へ、国民注視の眼は挙《こぞ》りてこの一点に集中せられてゐる。けだし北支の情勢に多大の関心を持たざるを得ぬ理由の奈辺に存するやは、語らずして明々白々であらう」と時局に寄せる文章が書かれる。昭和十二年七月七日、盧溝橋で日中両軍が衝突し日中戦争が始まったのである。

昭和十三年には水野清一「雲崗旅信」(『考古学』第九巻第七号、七月)、「大同通信」(『考古学』第九巻第八・九号、八・九月)、榧本亀生「楽浪近況」(『考古学』第九巻第九号、九月)があいついで掲載され、「外地」の状況が報告された。あくる十四年一月八日、東京考古学会の第一回総会が開催された。研究発表・特別講演会・東京帝室博物館の見学が行われたが、とくに会務協議において「今事変における出征会員の会費免除」が可決されたことは注目されよう。

そして「新東亜の黎明は、同時に考古学にとつても、新しき東亜学の覚醒《かくせい》でなければならない」のであり、「吾々は今や有為なる学究陣を、その全力を挙げて大陸へ送らねばならぬであらう」との主張が披瀝されるようになった(「編輯者より」『考古学』第一〇巻第五号、昭和十四年五月)。昭和十五年一月、「会告」として次の文章が発表された(『考古学』第一一巻第一号)。

> ここに光輝ある紀元二千六百年の春を迎へ、国民挙《こぞ》りて肇国《ちょうこく》の悠遠なる歴史を体し、

新なる歴史の実践に向はんと決意に燃えて立つ時、我等また東京考古学会を興してより十年の学的成果を積み、創立以来絶えざる指導と支援とを賜りたる諸賢と共に満十周年の喜びを重ねる光栄を有するのである。
今や興亜建設の時に当つて考古学に課せられたる大日本黎明文化闡明《せんめい》の任の重且つ大なるを思ひ、本会は更に万全を尽くしてその使命の達成に努むべく……

〈史前学研究所と史前学会〉

大山柏と史前学研究所　大山史前学研究所は、大山柏《かしわ》個人の史前研究室を前身とした私設の研究所であり、また史前学会は、史前研究室におかれていた史前研究会を発展させ、大山史前学研究所内（東京青山の穏田――現、渋谷区神宮前五丁目）に設置された学会であった。
大山は、明治の元勲大山巌《いわお》の次男として生まれ、長じて陸軍士官学校に進み、大山家の家督を継いで公爵となり貴族院議員となった。幼年学校時代に中沢澄男の「有史以前」（課外常識講演）を聴いて遺物に関心をもち、さらに陸軍士官学校時代には「測量演習」

53　民間考古学の勃興

大山柏（明治22〜昭和44年）肖像と『史前学雑誌』第13巻第１・２号（昭和16年）

史前學會々則

一、本會ヲ史前學會ト名付ケル

二、本會ノ目的ハ史前學研究ヲ主體トシ、併セテコレニ關聯スル諸學ヲ考究普及スルニアル

三、本會事業ヲ達成スルタメニ史前學雜誌（年六回隔月發行）及年報ヲ發行ス。又年會及ビ春秋二回研究會合ヲ行フ。隨時ノ見學旅行、講演會並ニ展覽會ヲ催スコトアリ

四、會　員

本會ノ趣旨ニ贊成シ年額五圓ヲ納ムル者ヲ以テ會員トシ金貳百圓以上ヲ一時ニ納ムル者ヲ以テ終身會員トスル特ニ本會ニ貢獻シタル會員ヲ名譽會員ニ推選シ終身會員ニ準ズル　會員ハ史前學雜誌及年報ノ配布ヲ受ク入會希望者ハ宿所氏名ヲ明記シ本會ニ申シ込マレタシ

五、本會員ハ大山史前學研究所ニ於テ研究ノ便宜ヲ受ケ本會所藏ノ資料圖書ヲ使用閲覽スルコトヲ得

六、年會ノ決議ニヨリ會長及ビ數名ノ幹事並ニ會計ヲ置キ幹事中ヨリ常任幹事ヲ選出シ本會ノ會務ヲ執ル

七、幹事會ノ決議ニヨリ顧問ヲ置クコトヲ得

八、幹事會ノ決議ニヨリ本會々則ヲ變更スルコトヲ得

九、本會ハ事務所ヲ左記ノ所ニ置ク

東京市澁谷區穏田一丁目九番地　大山史前學研究所内

史前學會

顧問　小金井良精　中澤澄男　柴田常惠

會長　大山柏

幹事　杉山壽榮男　田澤金吾　大場磐雄
甲野勇　大給尹　樋口清之
山口隆一　池上啓介　鈴木恒次
齋藤弘

會計　上田新太郎

（順序不同）

「史前学会々則」と役員（昭和16年）

（野外――静岡県愛鷹山麓）に際して古墳を見学して、いたく古代の遺跡・遺物に眼をそそぐことになった。卒業後、陸軍大学校の図書室に勤務し「野外演習」（春・秋）の折に各地の遺跡を見学して、ますます関心をもつようになっていった。そのころ東京帝国大学の人類学・解剖学・地質学などの研究室に、さらに京都帝国大学の考古学・病理学の研究室に足を運んで考古学とその関連分野の研究者と親交を結んだのである。大正十二年（一九二三）に「フリードリヒ大王戦史研究」のテーマでドイツに留学したが、ドイツ（ベルリン大学考古学専攻課程）をはじめフランスやデンマークなどで石器時代についての勉学を重ねて翌年に帰国した。ドイツではH・シュミット（Hubert Schmidt）、フランスではH・ブルイユ（Henri Edouard Breuil）に学び、デンマークのC・トムセン（Christian Jürgensen Thomsen）の指導もうけた。とくにH・シュミットより中石器の研究について示唆をあたえられたという。帰国後、かねてから自邸に開設していた史前研究室と史前研究会を改組し、大山史前学研究所を発足させるとともに史前学会を組織した。

一方、大山は昭和三年陸軍を依願予備役（少佐）として退き、同年、慶応義塾大学文学部の専任講師となった。

大山史前学研究所は、大山所長のほか甲野勇と宮坂光次が所員として研究活動を行っていた。この研究所は、山階鳥類研究所（山階芳麿侯爵）、徳川林政史研究所（徳川義親侯爵）とともに、当時、華族が私的に経営していた科学研究所として知られていた。

研究所は、大山邸の一角にあり「簡素な木造平家建」であった。そして「長年にわたって蓄積された土器が、陳列ケースに整然と納められていた」。しかし「金に糸目をつけず、ドイツから買ってきた貴重な考古学の文献」をはじめ、内外の膨大な考古学関係の文献、スタインから贈られた「印度の地質学雑誌の大揃全巻」（『金星の追憶』平成元年、鳳書院）などと一緒に、昭和二十年五月二十五日、B29による空襲のため焼失した。

史前学会は、大山史前学研究所におかれていた会員組織の学術団体であった。

『史前学雑誌』の発行

史前学会は隔月刊の『史前学雑誌』を発行することになり、かつて史前研究会（史前学会）より刊行された「研究小報」「パンフレット」は廃刊された。「研究小報」の第一号は、大山柏『神奈川県新磯村字勝坂遺物包含地調査報告』（昭和二年四月）、第二号は、甲野勇『埼玉県柏崎村字真福寺貝塚調査報告』（昭和二年四月）の二冊が刊行され、予告された第三号『形態学』（大山柏）は刊行されなかった。「パンフレット」は、第一号『史前の研究』大山柏（昭和二年十月）、第二号『石器時代の概要』大山柏

（昭和二年十一月）、第三号『未開人の身体装飾 附 日本石器時代住民の身体装飾』甲野勇（昭和四年一月）、第四号『石器時代遺跡概説』大山柏（昭和四年一月）であった。「研究小報」は菊判、「パンフレット」は四六判であった。

『史前学雑誌』は、B５判縦組の瀟洒な雑誌として登場した。第一巻第一号は、昭和四年（一九二九）三月十五日付発行。大山柏は「発刊の辞」において「史前学なるものは、広義の考古学の一分課」であるとし「考古学の……取扱ふ範囲は甚だ広大」で「史前、原史、有史」にわたるものであると説き、「本誌……史前時代の研究を主体とする……が、史前文化に接触する高等文化の研究にも及ぶ」と述べ、さらに「我が国を中心として、広き範囲に亘《わた》る石器時代の研究を行ふ」としている。そして「二月十一日　紀元佳節」と記して擱筆した。この年の史前学会の会員は、三〇八名であった。

史前学会の発足は、専門の研究者をはじめ一般の人たちも会員として加わったため、その設置母体の大山史前学研究所に対して質問が寄せられるようになった。専門的な質問事項のほか、日本の石器時代の年代、民族についての率直な質問もあったようである。

それに応えることを意図してか、大山は「史前学研究と年代及び民族問題」（第一巻第四号）を書いた。そして「史前学とは当時の事実事物に基き史前文化を研究する科学である」とし「民族問題には、容易に触れ得ない」と説明したのである。しかし、質問はさらにつづいた。そこで「史前学と我神代」（第三巻第一号）を執筆するにいたった。神代研究と考古学については「我神代史を研究せんとするならば、主として古事記、日本書紀其の他の文献により、且つこれらの記載を立前として、研究せらる可きもの」と考え、「直接、神代と史前学上のこの様な研究とでは、関係縁故を生じない故、両者の相関関係に就ては、私共には解らない」と述べ、最後に次のごとき所見を開陳して結んでいる。

神代史の如きものは、昔より我国祖先の伝承した、我開闢《かいびやく》の物語りであつて、これは、これとして別に研究する方面がある。私共のしてゐる方は、史前学であつて、実地実物に就て、研究して居るのだから、果して神代とどれだけ交渉を見出すものやら、まだまだ解らない。段々と研究でも進んでいつたら、解る時代もくるかも知れないが、今日では、未だ見当がついて居らない。

大山、昭和六年一月の言である。
その後、大山は『史前学雑誌』の終刊（第一五巻第一号、昭和十八年五月）にいたるまで、この問題について再説することがなかった。
大山は、あくまで史前学の研究は、史前学そのものの研究であり、それは民族とか神代などの研究とは異なる次元を目指すものである、という方針をつらぬくことになる。しかし、いずれ研究が進み、かかる問題についてもふれることがあるかも知れぬ、との言を披瀝したのである。

以降、大山は、甲野勇・宮坂光次・池上啓介などと共同して、貝塚資料による関東地方の縄文式土器の編年的研究を実証的に行うようになっていった。

石器時代研究の推進

その成果は、大山柏・宮坂光次・池上啓介『東京湾に注ぐ主要渓谷の貝塚に於ける縄紋式石器時代の編年学的研究予報』第一編（『史前学雑誌』第三巻第六号代冊、昭和八年十月）、甲野勇「関東地方に於ける縄紋式石器時代文化の変遷」（『史前学雑誌』第七巻第三号、昭和十年五月）などとして発表された。

一方、大山は豊富なヨーロッパ石器時代の識見をもとに、「欧洲石器時代研究の概況」（第一巻第三号）、「北欧に於ける中石器時代　マグレモージアン文化概説」（第三巻第二・三号）、「欧州旧石器編年の過程」（第四巻第二号）、「日本旧石器文化存否研究」（第四巻第五・六号代冊）、「直剪鏃」（第八巻第二号）、「史前巨石建造物」（第一三巻第一・二号）などを執筆し、日本の石器時代研究者を裨益したのである。

『史前学雑誌』の執筆者は、大山史前学研究所に関係する人びとのほか多くの研究者が論文を寄せ、日本の考古学、とくに石器時代の研究を推進する役割を果たした。

なかでも、山内清男の「関東北に於ける繊維土器」（第一巻第二号）、「斜行縄紋に関する二三の観察」（第二巻第三号）、大場磐雄の「本邦上代の洞穴遺跡」（第六巻第三号）は、それぞれの分野の重要論文として引用されるのである。また、特殊な研究として、土岐（酒男）仲男の「関東地方に於けるハヒガヒ放射助数と貝塚貝層新旧の関係に就いて」（第六巻第六号）、鈴木尚の「東京湾を繞る主要貝塚に於ける『はまぐり』の形態的変化に依る石器時代の編年学的研究」（第七巻第二号）のごとき、意欲的な論文発表の場ともなったのである。

大山の「北支調査行」

昭和十三年の五月から六月にかけて、慶応義塾は「支那大陸学術旅行隊」を「北支」と「中支」に派遣した。その「北支」を担当した大山は、「北支調査行」を連載した（『史前学雑誌』第一〇巻第四・五・六号）。この紀行文は、当時における「北支」巡回地の光景をも活写しており興味深いが、約二ヵ月間にわたり「占領」直後の地域の調査行の携行品リストが掲載されていることが注目される。

1　◎日章旗（大及び懐中携行用共）（×慶応義塾旗）

2　発掘用具　◎(1)竹箆（大小予備共約四十本）、◎(2)金鏝（植用採集用を応用）、○

(3)試棒（ステッキ先端に装着、金属製）、◎これを鏝代用に使用して甚だ有効、◎(4)小万鍬（園芸用を利用）、○(5)小形携帯用円匙（キアンプ用を利用）小形に失し効力不充分、○(6)石鑿と槌（硬土中の遺物掘出に利用）、(7)土湊ひ（ブリッキ製塵取りを利用）、○(8)軍手（予備共一ダース）、(9)採集袋（大小取雑ぜ百若干不足）、(10)雑品①○ジァックナイフ、×畳み込み鋸、同鎌、園芸用鋏刷、②◎付札、筆墨汁、白チョーク、拡大鏡、カード、③○遺物入状袋、○蓋付試験管、綿、紐、○貴重品収納箱（サンドウヰッチケースを利用）、(11)不足品①円匙、②十字鍬、③鉄箆（硬土発掘に必要）

3　測量観測用具　◎(1)巻尺及び折れ尺、◎(2)磁石（簡易アリダート）、水準器、クリノメーター、(3)晴雨計、及び×風速計、並に○寒暖計、◎(4)携帯図版及び方眼紙、(5)不足品①三脚測板②スタジア

4　撮影器及び◎小形写真器

5　背嚢入組品（主として現地携行）◎救急箱（胃腸薬欠七、◎クレヲソート丸）、(2)予備食糧（陸軍用携帯口糧）及水呑コップ、(3)懐中電灯にキアンプ灯（宿舎にてのみ入用）、◎(4)防水外套及塵避目鏡、(5)手拭及び小形石鹸

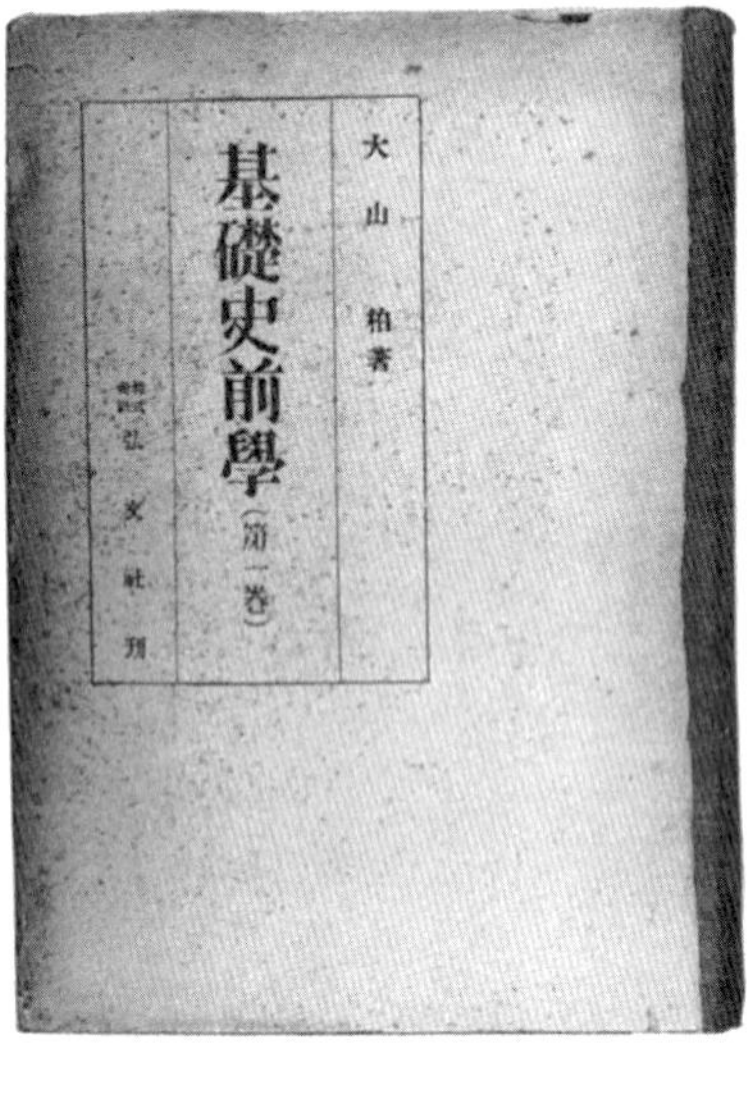

上　大山柏著『史前学講義要録』(昭和13年)
下　大山柏著『基礎史前学』(昭和19年)

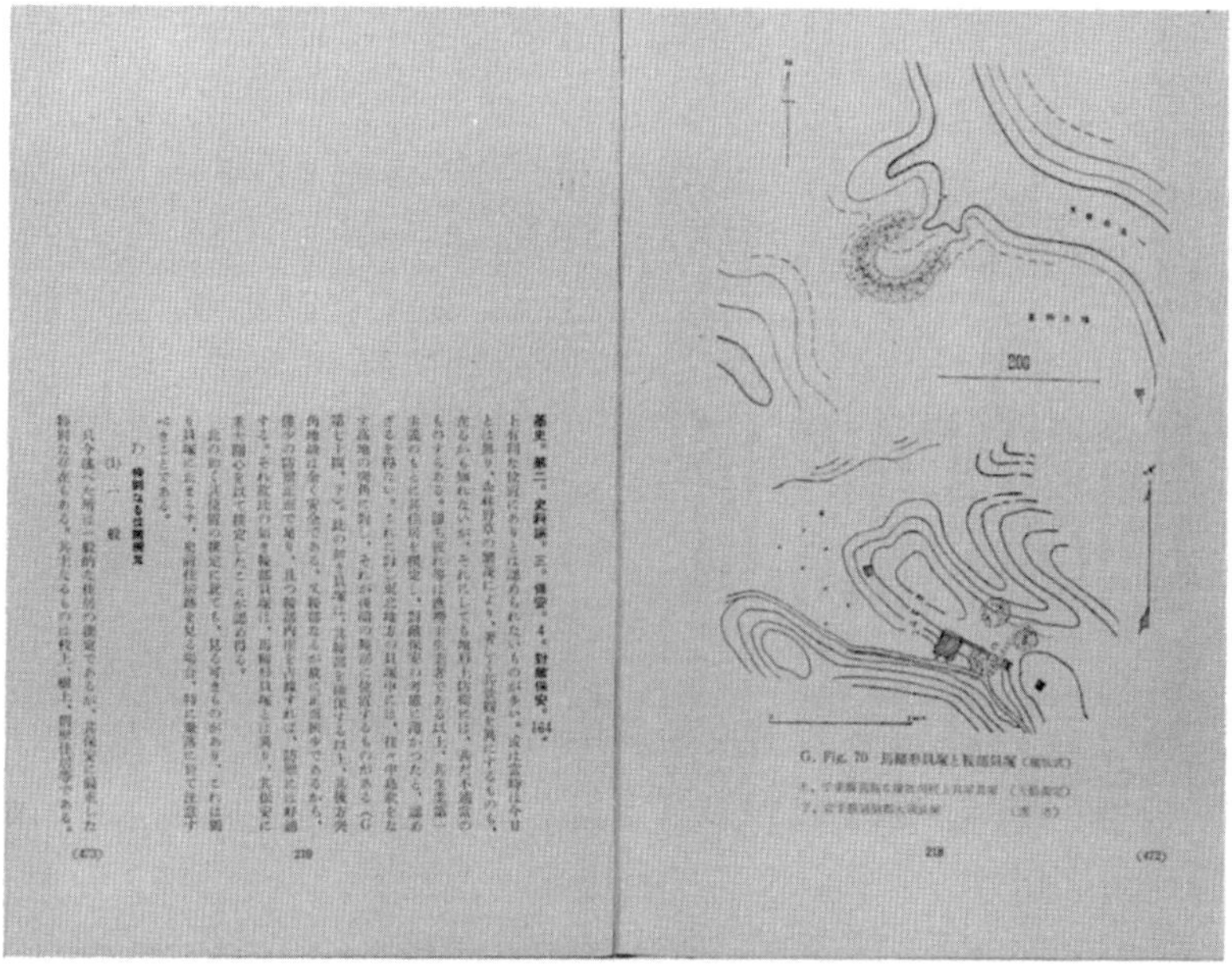

大山柏著『史前学講義要録』本文

左ページ上段は，講義のメモがとれるよう空欄になっている．

6　日常生活品（主として宿舎用）⑴食器○箸、○キアンプ用洋食器セット、○金属製小皿、○罐切、○キアンプ用湯沸し、紙コップ、×飯盒《はんごう》、⑵食品（略）、⑶起居用品、洗面用具、◎靴油（スキー用）、蚕取粉、其他

7　各自携帯着代へ其他（略）

〈備考〉◎は最も必要、○は屢々《しばしば》使用、×は不要、2円嚢、手帳、等の直接携行品を略す、3武器は私一人拳銃携行

「北支」班は、大山のほか大給尹《ただし》と映画撮影関係者三名の五名編成で約二ヵ月の行程であった。このような記録が、いまに残されているのは、大山が主宰した『史前学雑誌』の存在によってのみ可能であったといえよう。

『基礎史前学』　大山柏（明治二十二〜昭和四十四年）は、考古学に関する膨大な著作を残した。それはヨーロッパと日本の石器時代に関するものが主となっているが、なかでも博士論文となった「史前学」についての浩瀚な著作『基礎史前学』（昭和十九年十一月、弘文社）が注目されなければならない。

この『基礎史前学』は、大山が大山史前学研究所で、また慶応義塾大学で講じていた「史前学」の講義資料をもとに執筆されたものである。慶応義塾大学の文学部では「人類

学」の講座名で「史前学」を講じた。それは昭和三年（一九二八）から十八年にかけての隔年講義であった。

「史前学」の講義資料は、『史前学講義要録』と題し、菊判で「上半はノートできるよう白紙」であった。隔年講義にその都度、新しい「要録」を作成したが、それは毎回一〇〇〜二〇〇名の受講生のテキストとして用いられたのである。なお、『史前学講義要録』について江坂輝彌は「六冊以上」作成されたと述べている。

『史前学講義要録』は、「第一部基礎史前学」「第二部事実史前学」の二冊からなり、昭和三年度の講義より使用されたらしい。昭和三年か五年に、はじめてこの『要録』が作られ、その後、昭和十年ごろには「増訂版」が、昭和十三年に「参訂版」が作成された。増訂・参訂されたのは、第一部の基礎史前学であり、第二部の事実史前学は昭和十三年には絶版となった。『要録』には「第三部史前学演習」も予定されていたが、その作成配布については不詳である。

『史前学講義要録』と『基礎史前学』の全体構成を予告目次をもとに比較してみると次のごとく対照される。

『史前学講義要録』（参訂版）

第一部　基礎史前学
第一編　総　論
第一章　序　説
史前学の定義
史前学の目的
史前学研究史
基礎史前学の成立
第二章　史前学の範囲
総　説
時間的範囲
空間的範囲
研究方法に基く範囲
第三章　姉妹学との関係
総　記

『基礎史前学』

第一巻
第一編　総　論
第一章　序　説
史前学の定義
史前学の目的
史前学研究史
基礎史前学の成立
第二章　史前学の範囲及び性質
総　説
時間的範囲
空間的範囲
研究方法に基づく範囲と性質
第三章　主要姉妹学との関係
総　記

考古学との関係
原史学との関係
自然科学方面との関係
一　般
自然人類学との関係
動物学との関係
植物学との関係
自然地理学との関係
文化科学方面との関係
一　般
史学との関係
民族学との関係
神話学との関係
宗教学との関係
言語学との関係

考古学との関係
原史学との関係
自然科学方面との関係
一　般
自然（体質）人類学との関係
動物学との関係
植物学との関係
自然地理学との関係
文化科学方面との関係
一　般
史学との関係
民族学との関係
神話学との関係
宗教学との関係
言語学との関係

文化地理学との関係
芸術との関係
爾余の諸学との関係並に小結
一　般
社会学との関係
生業諸学との関係
其他の諸学関係
範囲小結
第四章　史前学の内容一般
総　記
基礎史前学の内容
事実史前学の内容
第二編　資料論
第一章　総　説
資料の定義並に範囲

文化地理学との関係
芸術との関係
爾余の諸学との関係及小結
一　般
社会学との関係
生業諸学との関係
其他の諸学との関係
関係範囲小結
第四章　史前文化の概要
総　記
石器時代文化の概況
第二編　資料論
第一章　総　説
資料の定義並びに範囲

資料の区分
資料の価値
資料の性質
資料研究の導向
資料論第二章
第二章　食　料
総　記
食料に対する生理機関と官能
天然界の食料
食料の化学的性質
動物質食料
植物質食料
無生物質食料及び飲料
食料の摂取

資料の区分
資料の価値
資料の性質
資料研究の導向
第二章　食　料
総　記
食料に対する生理機関と官能並びに其作用
天然界の食料
食料の化学的性質
動物質食料
植物質食料
無生物質食料及び飲料
食料の調理加工

食料の貯蔵
　食料研究の綜括
　資料編第三章
第三章　保　安
総　記
天然界の保安
人体に於ける保安機関
対敵保安
内的保安
保安総括

食料の摂取
（以下未刊）

第二巻　史前保安
第三巻　史前生業
第四巻　構築術工其他
第五巻　研究論
　総説　遺跡学
第六巻　遺物学其他
第七巻　主要引用文献並びに解題
索　引

このように『要録』と『基礎』とはほぼ同じ構成をとっていたことがわかる。

大山の史前学構想

『基礎史前学』全七巻は完結することなく中断したが、大山の史前学構想はすでに発表されていた諸論文によってその大綱を知ることは可能である。

第二巻の「史前保安」は『要録』の「第三章保安」、第三巻の「史前生業」は「史前生業研究序説」（『史前学雑誌』第六巻第二号、昭和九年）、第四巻の「構築術工其他」の一部は『史前芸術』（昭和二十三年、大八洲出版）、第五巻の研究論「遺跡学」は『石器時代遺跡概説』（「パンフレット」第四号、昭和四年）、史前巨石建造物」（『史前学雑誌』第一三巻第一・二号、昭和十三年）などで、第六巻の「遺物学」は「史前遺物形態学の綱要」（『史前学雑誌』第一〇巻第六号、昭和十三年）、「形質相補」（『史前学雑誌』第一三巻第四号、昭和十六年）、「史前人工遺物分類――骨角器――」（『史前学雑誌』第一一巻第四〜六号、昭和十四年）などで、それぞれについてはある程度知ることができるであろう。

このような大山の史前学構想は、きわめて組織化された雄大なものであり、日本の考古学者として稀有な存在であった、というべきであろう。

史前学（Prehistoric）とは、主として史前当時に於ける、事実、事物等の資料に基き、史前文化を研究する科学である。

と主張した大山史前学は、世界史的視野にたったスケールの大きな、そして自然科学分野をとり入れた先見性に富んだものであった。

大山は、史前学の資料を定義して「史前学に於て、其研究対象たる可き、総ての事物、事実を、資料（Material）と称す」とし、「其範囲は甚だ広く、独り物質的事物に止まらず、当時に於ける其行為を肯定し得る抽象的事実をも含む。又其実在するものに止まらず、理論上当然其存在したことが肯定し得るものまでも含まれ得る」と主張するのである。そして資料を「文化資料」と「天然資料」に大別する。

このような視点に立脚した大山の眼は、糞石に着目する。石器時代の遺跡から糞石が出土することについては、すでに長谷部言人《ことんど》によって指摘されていた（「石器時代遺跡に於ける糞石」『人類学雑誌』第三四巻第一一・一二号、大正八年十二月）。大山は「史前人類消化器系研究の一手掛り」として糞石の存在に注目するが「今日に於ては糞石の研究が未だ進んで居ら」なかったため研究の方向を示唆するに止まった。また、泥炭中の「史前遺物」の存在を高く評価する。自身、青森県是川の泥炭層を発掘し、多くの「天然資料」を獲得するところがあった（『史前学雑誌』第二巻第四号、是川研究号、昭和五年七月）。その結果を踏まえて「花粉分析」「燐分析」「油脂分析」の必要を提言したのである。

現在、自然科学分野と提携して、自然遺物（大山の天然資料）の分析的研究を行うのが一般的であるが、その必要性について具体的に説いた大山の学問は、五十余年をへた今日においても新鮮さを失ってはいない。

このような『基礎史前学』の出版にまつわる裏面史についてふれておきたい。

「陣中日誌」から

『基礎史前学』の執筆など、広範な研究活動をつづけていた大山は、昭和十八年十二月に召集された。それは「あと三ヵ月で兵役関係がなくなる筈の老陸軍少佐」にとって意外なことであったが、「貴族院からは殆んど出征していな」かったので「議員を召集する政治上の必要」からであったらしい（大山梓「父の思い出」『金星の追憶』前掲）。

十二月二日に渋谷区役所兵事係より電話で四日応召の連絡をうけ、三日の朝赤紙到着。その夜は『基礎史前学』の残りの部分を執筆し、四日に溝ノ口東部第六二部隊に出頭。任地は北海道。七日の午前九時までに旭川に到着を命じられる。五日に出発。六日の午後十時に旭川に到着。と慌しい様子が以降の「陣中日誌」ともども『北のまもり――大隊長陣中日記――』（平成元年八月、鳳書房）に記録されている。

召集をうけた大山は、『基礎史前学』第一巻の校正と残りの原稿執筆に追われていたが、後事を服部礼次郎に託した。

そして任地の根室で三月八日の夜に「序文」、二十五日の夜に「凡例」を書いた。そして六月二十四日の『朝日新聞』に広告が掲載された。

大山のもとに『基礎史前学』第一巻（昭和十九年十一月一日）が送られてきたのは、昭和二十年一月十六日のことであった。その日から早速、読みに入った大山が、自著を読みおえたのは二月二十八日の夜のことであった。

五月二十五日、隠田の大山史前学研究所は、大山邸とともにB29の空襲で焼失した。その通知が大山に届いたのは六月六日のことであった。「蔵書一万冊灰燼。これには閉口」と記されている。あくる七日「書物なき後の『基礎史前学』は三巻立とし、第二巻は資料編、第三巻は研究編とすること、を考ふ。然し、何時、これに掛れるやら、前途は未詳。在隊中は築城書の完成に努力」と、『基礎史前学』完成についての執念が窺われる。

『基礎史前学』は、慶応義塾大学に学位請求論文として提出され、柴田常恵・間崎万里などによって審査されて、召集中に大山は文学博士の学位をうけた。

『北のまもり――大隊長陣中日記――』は、大山が応召をうけ、任地の根室に、そして後に室蘭に転じたときどきの陣中日誌で自筆の「応召日誌」と「大隊長日誌」より構成されている。「応召日誌」は漢字と平仮名交じり、「大隊長日誌」は漢字と片仮名交じりの文章である。大山の任務は東部北海道の沿岸警備隊大隊長として陣地の構築にあった。二十年三月十八日、室蘭に転じて築城作業にあたり、この地で八月十五日を迎えるまでの日々の任務と生活の有様を淡々と記したもので、十九年五月十日の夕刻には、海上機動部隊の滝口中尉の来訪が記録されている。滝口中尉とは、滝口宏のことである。生前、滝口から択捉《えとろふ》島・国後《くなしり》島・歯舞《はぼまい》諸島の防衛地図づくりのため、北海道東部の島嶼を視察したが、その折、根室の第三三警備大隊長が大山柏少佐であることを聞き、一夕訪れ、考古談話をしたと聞いたことがあった。

この陣中日誌には、大山の「銀塊集――陣中吟――」が収められている。次に四首を掲げる。

北辺の守り　昭和十九年二月九日
海は凍り山に野原に雪積めど　務めたゆむな北の防人
野毛山も吹雪に道は埋もれて　ひづめの跡をたよりとやせん
昭和二十年八月十五日
散る花を再びかへさんすべもなし　来らん春を心して待て
美しく咲きても散るはならひなり　只をしまずにあとをつちかへ

大山の史前学は、広い視野にたった汎世界史的な発想によって展開されていたが、その研究の視点はヨーロッパの石器文化研究をわが国に紹介するかたわら、日本の縄文時代文化を把握することにあった。

勝坂遺跡（神奈川県）の発掘結果から縄文農耕論の視点を提供し、貝塚構成貝種の鹹淡の割合いから海進海退を想定し、あわせて貝塚発掘の結果から縄文時代の編年観に示唆をあたえたことは、以後の研究に一つのよりどころをあたえることになった。

『史前学雑誌』の刊行は、石器時代研究の専門誌としての役割を果たし、多くの論文を掲載して学界に寄与したことは明らかであるが、それはあくまで「史前学の事実」を掲載することに主眼があった。

大山の役割

昭和の前半、史前学研究所を背景に史前学会（『史前学雑誌』）を通して、日本の考古学界を常に睥睨《へいげい》していた大山について、「お殿様のお座敷考古学」と評する向きもあったが、そのお殿様は一般人に対しては史前学者として対応した。

しかし、こと日本歴史のとくに古代史については、あくまでも貴族院議員としての発言に終始した。当時の情勢からこれはやむを得ないことではあったが、史前学そのものについては多くの先駆的な所見をいまに伝えている、というべきであろう。

〈京都の考古学研究会〉

京大の考古学研究会

昭和十一年（一九三六）一月、「浜田（耕作）先生を師表と仰ぐ」京都帝国大学に関係する若い考古学者――主幹の三森定男のほか、角田文衞・禰津《ねず》正志・中村清兄、そして長広敏雄が同人となって組織された考古学研究会から『考古学論叢』の創刊号が発行された。

『考古学論叢』は、角田が回想しているように「雑誌『考古学』に較べると、よりアカディミックであり、やゝ独善的であつた」（「解説」復刻『考古学論叢』第三巻、昭和六十年三月）。それは森本六爾の『考古学』の「刺戟」による創刊であったことに起因していたようである。掲載論文は「少壮学徒の力作」と明記し、「原稿の取捨は編輯《へんしゅう》同人の合議によつて決定する。訂正を要する場合は、更《あらた》めて相談に応ずる。又採用し能《あた》はざる場合は、受領後十五日内にその旨通知」すると定めたことにもその片鱗をみることができる。

『考古学論叢』の特色

第一輯に掲載された長広の「美術史と考古学」や禰津訳のV・ニコルスキ「先史学方法論」は、いかにも浜田の好む命題であったし、また角田の「廃光明山寺の研究」のごとき考古学的資料と文献古記録を活用した労作なども京都帝国大学らしい論文であった。主幹の三森は、縄文土器の研究を次輯以降も掲載したが、京都帝国大学以外の人びと――八幡一郎・後藤守一・郭沫若・赤木清・芹沢長介・加藤明秀・江坂輝弥・田中重久なども寄稿した。論文・報告のほか、翻訳・新刊書評（新著展望）に特色があったが、「附録」（第二輯）をつけて国際会議の状況を紹介し、また『会報』（第一・二回）を発刊して小論文と学界の動向を記録するなど、雑誌の編集に意欲をみせていた。

第一五輯（昭和十五年四月）で停刊にいたるまで、京都帝国大学の関係者による執筆が中心であった。その間、中村「東亜考古学序説」（第七輯）、大山彦一「南洋群島原始社会の研究」（第七・九・一四・一五輯）、水野清一「雲崗石仏寺日記抄」（第一五輯）が掲載され、とくに大山は「今日の『南進』政策は、むしろ、経済的社会的に、即ち企業、人口移民として、水の滲透するごとく浸出し摘散すること」を主張している。

浜田の「日本の民族・言語・国民性及び文化的生活の歴史的発展」（第七〜九輯）は、欧文発表（国際文化協会『日本文化叢書』の一篇として発表されたもの）の邦文原稿であったが、「東洋の平和の責任は一にかかつて我が日本の双肩にある」と述べていることは、時局の有様を示す一文であったといえよう。

京都の地に京都帝国大学に関係する人びとによって発足した考古学研究会は、日中戦争のまった中に活動した学会であったが、大山柏の史前学会、森本六爾の東京考古学会とは異質のものであった。京都帝国大学の同窓を核とする学会ではあったが、広く民間の研究者にも門戸を開き『考古学論叢』に発表の機会をあたえつづけたのである。

そして、昭和十六年二月、東京考古学会・中部考古学会と合併して姿を消した。しかし、後年、考古学研究会は、角田文衞によって財団法人古代学協会として再生し、現在にいたっている。

〈地域の考古学会の活動〉

考古学の全国誌

大正の末年から昭和のはじめにかけて、各地に考古学会が誕生し、会誌が発行されはじめた。従来、考古学の学会といえば、『考古学雑誌』を発行する考古学会、『人類学雑誌』を機関誌とする東京人類学会が二大学会であり、ともに全国誌を擁した全国組織の学会であった。

昭和に入って、二年に森本六爾を中心とした考古学研究会が、ついで五年にその発展的学会として東京考古学会が組織され、『考古学研究』『考古学』が発刊された。一方、四年には大山柏の主宰する史前学会から『史前学雑誌』が創刊され、伝統のある二誌にこれらの学会誌が加わった。少し遅れて十一年には京都帝国大学で考古学を学んだ若い人たちが中心となって考古学研究会が興され『考古学論叢』が創刊され、全国誌五誌が刊行されるようになった。

地域考古学の隆盛

そのころ、地域を単位として組織化された考古学会があいついで生まれ、そこを母体として地域に根ざした雑誌が刊行されはじめた。すでに大正時代に発足していた吉備考古会（九年）、秋田考古会（十四年）は、継続して雑誌『吉備考古』『秋田考古会会誌』を発行していた。この二つの学会の活動は、機関誌の刊行と例会を軸として発展していった。吉備考古会は、『考古』（大正九年九月創刊）を刊行したが、昭和四年に岡山考古会と改称し『吉備考古』を発行しはじめた。昭和五年刊の第六号以降、ふたたび吉備考古会となり、昭和十五年刊の『吉備考古』第四五号は「二千六百年記念号」と題して発行された。昭和十七年四月、吉備考古学会と改称し、昭和十八年五月刊の第五七号より『吉備文化』と改題発行したが、昭和二十二年十二月の第七四号より『吉備考古』と三たび改題し、終刊の第九一号（昭和三十一年十一月）にいたった。

また、秋田考古会は、大正十四年（一九二五）八月に『秋田考古会会誌』の創刊号を発行して以来、第二巻第四号（昭和五年十二月）を「払田柵址」、第三巻第三号（昭和十一年十二月）を「沼館」の特集として編むなど地域学会のあり方を示したが、第三巻第三号で停刊した。

昭和四年には信濃考古学会が発足し『信濃考古学会誌』が創刊されたが、昭和七年三月刊の第三年第一輯、計九号で止んだ。

昭和六年十月、大和文化研究会が発足し『考古叢書』第一編が発行されたが、翌年には大和上代文化研究会と改称され会誌も二冊目から『大和考古学』と改題され、昭和八年五月には、第三年第五号を刊行した。

昭和八年には飛驒考古学会が結成され、五月に『会報』第一号を創刊した。あくる年の五月には『石冠』と改題された第四号が発行され、同時に飛驒考古土俗学会と改称された。この『石冠』は六冊を刊行したが、昭和十年一月より『ひだびと』と改題し、十八年三月まで刊行された。

昭和十三年に入ると紀伊考古雑誌発行会より『紀伊考古』が創刊され、十六年十二月刊の第四巻第六号まで一九冊を刊行した。その間、昭和十五年一月刊の第三巻第一号から紀元（二六〇〇年一月）を表紙に記したことは、考古学関係の雑誌としては異例であった。

なお、青森の中村良之進によって『陸奥考古』が刊行され、それは昭和三年四月から十年一月まで、七冊が発行され、また、神奈川の岡栄一によって『橘樹考古学会誌』が昭和六年二月から七年六月にかけて六冊が刊行、山梨の仁科義男によって昭和八年七月に『甲斐之考古』第二編が刊行されるなど、各地域に考古学の雑誌が発行されたのである。

昭和十一年五月には、中部考古学会が結成され『中部考古学会彙報』が十四年四月までの間に二〇冊刊行された。

山内清男が先史考古学会をつくり、その機関誌として『先史考古学』の刊行に着手したのは、昭和十二年一月のことであった。この雑誌は、第一巻第三号（昭和十二年三月）で停刊となったが、それは地域を土台とするものではなく、広く日本の考古学を睥睨したものであり、決して等閑視することのできないものであった。

このように地域を母体として生まれた考古学の学会とその機関誌は、昭和の初頭から十年代にかけて活発であった。それらの学会は一部を除いて、もっぱら地域の考古学の調査と研究に専心し、目まぐるしく展開する政治の情勢、さらには「外地」の考古学とは無縁であった。

そこには、郷土の遺跡と遺物を「考古学」によって究明しようとする意図が充満していたというべきであり、〝常民〟の考古学がそこに存在していたのである。

「大東亜共栄圏」の考古学

欠落した日本考古学史

「大東亜共栄圏」下の考古学

「大東亜共栄圏」――それは、昭和十五年（一九四〇）七月に発足した第二次近衛文麿内閣の外務大臣松岡洋右《ようすけ》の造語といわれているが、昭和十三年十一月三日の第一次近衛内閣が発した「東亜新秩序」建設声明と同根であった。「帝国の冀求《ききゅう》する所は、東亜永遠の安定を確保すべき新秩序の建設に在り」とした「東亜新秩序」声明を承けて「わが国眼前の外交方針としては、この皇道の大精神に則りまづ日満支をその一環とする大東亜共栄圏の確立をはかる」と語った松岡の「大東亜共栄圏」構想は、以降、日本の進路を決定づけるものであった。

かかる「大東亜共栄圏」の形成と展開と崩壊は、日本帝国主義の植民地支配と表裏関係

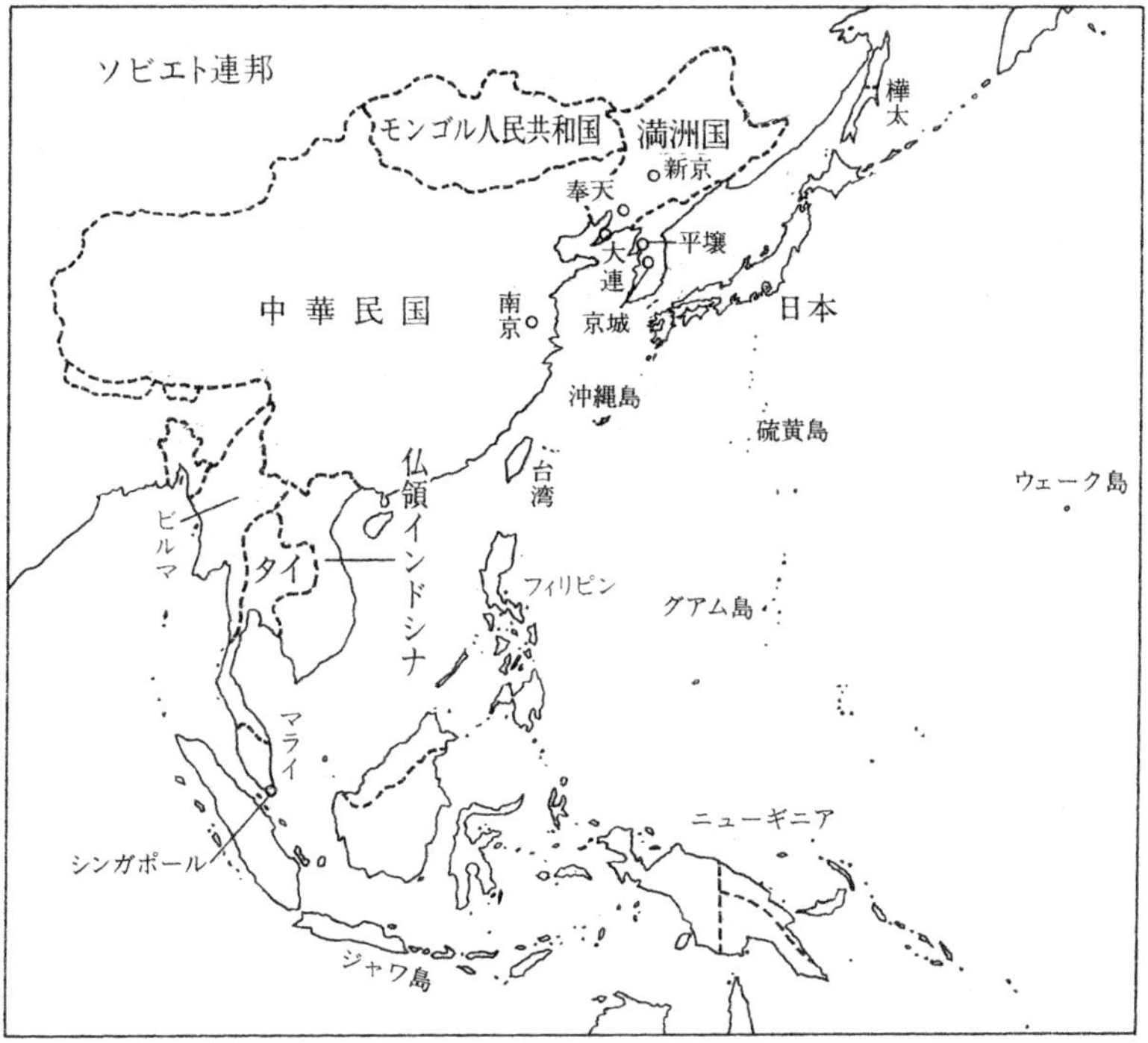

太平洋戦争期の日本とアジア関連要図

にあり、それは「一五年戦争」とオーバーラップするものであった。
小林英夫は『「大東亜共栄圏」の形成と崩壊』（昭和五十年十二月、お茶の水書房）において、
第一期　昭和六〜十二年（一九三一〜三七）
第二期　昭和十二〜十六年（一九三七〜四一）
第三期　昭和十六〜二十年（一九四一〜四五）
に時期区分して「大東亜共栄圏」をトータルに捉える方向を示した。小林の三期設定は「軍事占領→『幣制《へいせい》統一』→産業『開発』政策の展開」を主軸に経済的そして軍事的側面についてなされた意欲的な試みであった。
この小林に代表される「大東亜共栄圏」の研究に触発されながら、日本の考古学界がどのような動きを呈していたか、管見にふれた若干の資料より展望を試みることにしたいと思う。
日本の考古学史のなかで「大東亜共栄圏」と考古学の動向を関連づける方向は、きわめて稀である。それは従来、そして現在においても日本「内地」の考古学史の研究が主体であり、日本「外地」の考古学については、とかく正面から論じられることが少なかったたか

らである。日本「外地」の考古学について論じられる場合、その多くは直接的に「外地」の考古学を推進した学者による回顧と意義づけが主流をなしており、そこには当事者意識による発言が支配的であった。* たしかに、日本の「外地」考古学は、当時における日本考古学の最高の頭脳と技術をもって展開していたのであり、その学問的成果は間然《かんぜん》するところがなかったと評することもできるであろう。

＊ 梅原末治『東亜考古学概観』（昭和二十二年一月、星野書店）にその一例を見ることができる。この書は、昭和十七年十二月、著者が〝日仏印交換教授〟として「印度支那」（ベトナム・カンボジア・ラオス）の各地において行った講演内容を主として記されたものであり、昭和二十年七月に校了になっていたものである。講演の目的は「日本学者の既往に於ける東亜考古学に関する業績」の紹介にあった。収録された文章は「朝鮮に於ける漢代遺跡の調査と其の業績」「朝鮮上代遺跡の調査―特に高句麗の壁画に就いて―」「南満洲特に関東州の史前文物に関する新見解」「最近日本学者の行ふた支那の考古学調査に就いて」など九篇であった。

「植民地」考古学の視点

日本の考古学史を「日本人の考古学研究」という視点に立脚して展望を試みるとき、そこには「日本列島」を中心とする狭義の地域の考古学と「大東亜共栄圏」構想による広域を対象とする考古学的研究が展開していた。明治時代から大正時代、そして昭和時代の日本の「外地」の考古学は、そのまま

「植民地」考古学の視点そのものであり、イギリスのインドなどを対象としたそれに比肩すべきものであったといえるであろう。

とくに、明治四十三年（一九一〇）八月二十二日の「併合」以降、大正時代をへて昭和時代の前半における朝鮮半島の「植民地」支配下における考古学研究の実態はその典型とみることができる。なかでも「東亜考古学」と汎称されていた分野は、「東亜新秩序」と「大東亜共栄圏」構想とともに進展するところとなっていった。「大東亜共栄圏」の考古学は、国策そのものとして「植民地」に雄飛していたのである。

日本の近代史研究が「植民地」問題と深く関わっているのと同様に、日本の考古学史においてもそれを等閑視することはできない。

「朝鮮半島」とか「中国大陸」とか「台湾」などの考古学といった地域性を超えた日本考古学の視点として学史を考えることも、いま求められている一つの視角である。「大東亜共栄圏」の考古学は、「東亜」の考古学研究が最高潮に達し、そして崩壊していくプロセスそのものであったし、また、昭和時代の前半における日本考古学の学史の側面として位置づけることが求められよう。*

* この問題について、近藤義郎は「日本人学者による朝鮮・中国などの考古学研究が日本のアジア

侵略と密接に結びついて誕生し発達し」、そこには「侵略政府の援助」のもと「各地の支配機関と軍部の庇護と援助の中で遂行された」と簡潔に指摘している（「戦後日本考古学の反省と課題」『日本考古学の諸問題』昭和三十九年六月、河出書房新社）。

以下、欠落した日本考古学史のひとこま「大東亜共栄圏」の考古学についてふれることにしたい。

西へ——朝鮮半島

〈朝鮮と朝鮮古蹟研究会〉

朝鮮総督府下の調査事業

明治四十三年（一九一〇）八月二十二日、「日韓条約」の調印によって「韓国併合」となり、十月一日には朝鮮総督府が設置された。総督府の開設と同時に内務部地方局第一課の所管として、すでに実施されていた関野貞《ただし》を中心とする古建築と古蹟の調査体制が整備され、大正二年（一九一三）にはそれが完了した。

その結果は『朝鮮古蹟図譜』（全一五冊、大正四〜昭和十年）に収められ、内外に配布されたのである。

一方、明治四十四年からは、総督府の内務部学務局の調査事業として、鳥居龍蔵が主として石器時代遺跡などを調査し、大正九年にまで及んだ。

この調査は「測量並に写真の技術員から通訳・憲兵まで随行した大旅行」であり「単なる資料蒐《しゅう》集《しゅう》旅行の比でなかった」といわれ、*当時における総督府直轄の調査が尋常でなかったことを伝えている。

＊　藤田亮策「朝鮮古蹟調査」（『古文化の保存と研究』へ昭和二十八年二月、のち『朝鮮学論考』〈昭和三十八年三月〉に収録）。朝鮮古蹟研究会については、同会刊行の報告書、有光教一『有光教一著作集』第二巻（平成四年十二月、同朋舎出版）所収の諸論文のほか、小泉顕夫『朝鮮古代遺跡の遍歴』（昭和六十一年十月、六興出版）、水野清一『東亜考古学の発達』（昭和二十三年六月、大八洲出版、藤田亮策「朝鮮古蹟研究会の創立と其の事業」『青丘学叢』第六号）などを参照。

大正四年、総督府博物館が開設され、石器時代から李氏朝鮮時代にいたる史・資料が陳列公開される一方、翌年から朝鮮半島全域の古蹟調査が年次計画によって実施されることになった。その調査委員会には、関野貞・黒板勝美・今西龍・鳥居龍蔵・小田省吾・谷井済一、後に原田淑人・浜田耕作・梅原末治・藤田亮策が委員として参画した。その結果は、『古蹟調査報告』として年度ごとに刊行され、『古蹟調査特別報告』も刊行されるようになっていった。

このような朝鮮総督府の直轄調査事業は、大正末年から昭和の初頭にかけて後退した。その原因は古蹟調査予算計上の不如意にあったといわれている。

朝鮮古蹟研究会の発足

それにかわる調査主体の編成が必要であると判断した黒板勝美は、寄附金による研究組織の確立を意図し、総督府の外郭団体として位置づける方向を打ちだしたのである。

昭和六年（一九三一）八月、朝鮮古蹟研究会が発足した。この研究会は、単なる同好者の研究会ではなく、総督府の「古蹟宝物の調査研究の部門を担当」するもので、「研究員と発掘費との面で総督府の事業を助ける」外郭団体であった。*

その運営基金は、日本学術振興会の補助金などによるものであり、この基金をもとに三研究所（平壌・慶州・扶余）の経営、そして調査経費、調査報告書の出版が可能となった。事務所は、総督府博物館に置かれ、平壌府立博物館内に平壌研究所、慶州博物館分館内に慶州研究所、扶余の陳列館内に百済研究所がそれぞれ設置された。

平壌研究所は、南井里・石巌里・貞柏里の楽浪《らくろう》古墳の調査を皮切りに平壌周辺における楽浪古墳と土城跡、さらに大同・平原・江西・竜岡・寧辺の各郡に所在する高句麗の古

表1　朝鮮古蹟研究会への補助・寄附金一覧

年　　次	出資者・団体名	補助・寄附金の額
昭和6年	岩崎弥太郎男爵	寄　附　金　7,000円
昭和7年	細川護立侯爵	寄　附　金　6,000円
昭和8年	日本学術振興会	補　助　金　15,000円
	宮　内　省	下　賜　金　5,000円
昭和9年	日本学術振興会	補　助　金　12,000円
	宮　内　省	下　賜　金　5,000円
	李　王　家	下　賜　金　5,000円
昭和10年	日本学術振興会	補　助　金　8,000円
	宮　内　省	下　賜　金　5,000円
	李　王　家	下　賜　金　5,000円
昭和11〜13年	日本学術振興会	各年助成金　8,000円
	宮　内　省	下　賜　金　5,000円カ

表2　朝鮮古蹟研究会の役員一覧

名　　称	役　　職　　名
理　事　長	(政務総監)
評　議　員	黒板勝美・小田省吾・浜田耕作・原田淑人・池内宏・梅原末治・(学務局長)
幹　　　事	藤田亮策

墳・土城跡・寺院跡の調査を実施した。とくに昭和六年発掘の楽浪彩篋塚《さいきょうづか》、翌七年発掘の楽浪王光墓は、木槨木棺の完存と多種多量の副葬品を見いだして世界の考古学界に一石を投じた。その報告書は『古蹟調査報告』第一として『楽浪彩篋塚』（昭和九年）、第二として『楽浪王光墓』（昭和十年）が刊行された。

また、昭和八年から十年にかけて実施された漢楽浪郡時代の古墳と土城跡の調査は『古蹟調査概報』として年次ごとに三冊が刊行され、調査の内容が公にされ、昭和十一年から十三年にかけて実施された調査については、年度ごとの『古蹟調査報告』（年度ごとの『古蹟調査報告』は、昭和十一～十三年度の三冊が刊行され昭和十四年度以降は刊行されなかった）に収録された。

慶州研究所においては、新羅・新羅一統時代の古墳・城跡・寺院跡などの調査を実施し、それぞれ年度ごとの『古蹟調査報告』に記載され報告された。なお、『朝鮮宝物図録』第一の『仏国寺と石窟庵』（昭和十三年）、第二の『慶州南山の仏蹟』（昭和十五年）はともに朝鮮総督府刊となっているが、実際には慶州研究所が主体的にかかわって成った報告であった。

百済研究所は、公州・扶余をはじめとして益山・潘南などの古墳・寺院跡などの調査を

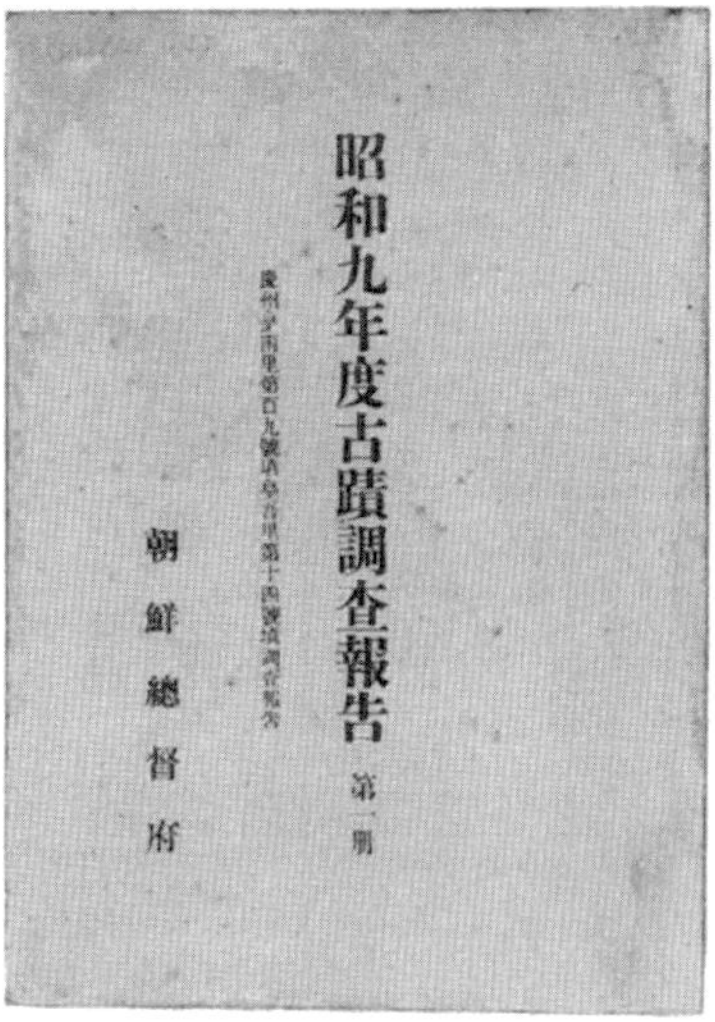

上　『昭和九年度古蹟調査報告』第1冊（朝鮮総督府，昭和9年）
下　『昭和十一年度古蹟調査報告』（朝鮮古蹟研究会，昭和12年）

実施し、その結果が年度ごとの『古蹟調査報告』に発表されている。

朝鮮古蹟研究会の活動は、総督府の古蹟調査に代わるものであり、設置された三つの研究所のすべてが博物館内に置かれ、事務所は「京城」の総督府博物館内に置かれ、総督府と表裏一体の関係にあった。運営の基金は、寄附金によったものの、その大部分は日本学術振興会と宮内省、そして李王家よりの支出金であって、民間の研究団体ではなかった。

朝鮮古蹟研究会のメンバー

昭和十年における楽浪遺跡の調査に従事した人びとの肩書は、研究員のほかは「朝鮮総督府古蹟調査事務嘱託」などであったし、また昭和十二〜十三年度においては、研究員のほか「朝鮮総督府博物館嘱託」などの肩書で参画していた。研究員・研究助手は、総督府の関係者か「内地」の帝国大学・帝室博物館に所属する研究者であり、それらの人びとによってメンバーが組織されていたのである。

それは当然のことであった。総督府時代における遺跡の発掘は「総督府が任命する委員または当該官吏」に限られていたのである。ただし例外もあった。「先史」時代関係遺跡の場合がそれであり、民間の考古学研究者による調査例がわずかに残されている。

このようにみてくると、朝鮮古蹟研究会は、東亜考古学会と類同であったことが明らかである。ともに「助成金」「補助金」「下賜金」による運営であり、そこにはつねに「国(官)」が介在していた。東亜考古学会が〝東亜〟の考古学を指向していたのに対して、朝鮮古蹟研究会は〝朝鮮〟の考古学を対象としていた。そして二つの「会」に直接的にかかわっていたのは、京都帝国大学あるいは東京帝国大学、そして帝室博物館に所属する「官」の考古学者であり、そこには共通の人びとの名を見いだすことができるのである。

東亜考古学会が北京大学考古学会と共同して東方考古学協会を結成し、総会を開催し講演会を企画して学会としての体裁を整えていたのに対して、朝鮮古蹟研究会は総督府の古蹟調査事業そのものを名をかえて実施する方向をもっていた。したがって、この二つの「会」は、その活動をみると類同的であるが、その実質はまったく異なっていたのである。

朝鮮古蹟研究会は、昭和六年六月から二十年八月にかけて、朝鮮半島における考古学的調査を推進した一つの組織であり、明らかに「大東亜共栄圏」の考古学を担ったものであったのである。

〈軍守里廃寺跡と若草伽藍の発掘〉

昭和十年（一九三五）から十四年にかけて、藤田亮策の慫慂《しょうよう》により石田茂作は、扶余に遺る百済時代の三つの寺院跡の発掘調査を実施した。

軍守里廃寺の発掘

一つは昭和十、十一年度の軍守里《ぐんすり》廃寺、あとは昭和十四年度の東南里廃寺と佳塔里廃寺である。この三寺院跡の発掘は、百済寺院跡の発掘の嚆矢《こうし》であった。とくに軍守里廃寺跡の発掘は、日本の飛鳥時代寺院跡の研究に大きな影響をあたえることになった。

昭和十年の秋、帝室博物館の鑑査官として歴史課に勤務していた石田は、同僚の関根龍雄を帯同して朝鮮に渡った。「京城」で藤田と会見した後、案内役をつとめる齋藤忠ともども扶余に向かった。扶余に到着した一行は、百済時代の古瓦出土地を踏査して発掘の候補地を検討し、齋藤の提言によって軍守里廃寺跡を発掘調査することになった。

昭和十年九月二十九日、軍守里の廃寺跡に発掘の鍬が入れられ、その後十月十一日まで一三日間にわたり、発掘作業員約一五〇名による発掘がおこなわれた。

発掘の結果、中央・北・南の三基壇の存在が明らかにされ、多量の瓦などが出土した。三つの基壇は南北の直線上に位置していることが確認されたのである。

この成果を得て、付近の小松林地帯は、扶余古蹟研究会によって買収された。第二次調査は、翌年の九月四日から十月十四日にかけて、さきのメンバーに藤田も加わって実施した。発掘に従事した作業員はのべ四六〇名におよんだと記録されている。

第一次調査において検出された三つの基壇は、北から南にかけて、講堂・金堂・塔跡であることが確認された。寺跡か宮跡か、いずれとも決しかねていた遺跡は、当初の予測通り寺院跡であることが判明した。そして塔跡の心礎の上方から金銅菩薩像と石造如来像などが発見されたのである。

二次にわたる軍守里廃寺跡の発掘*は「塔・金堂・講堂が南北一直線上に配され、其の塔・金堂をかこみて廻廊の連る配置は、恰《あたか》も内地の大阪四天王寺の規模と全く同規に出づること新たに注意」されるにいたった。さらに「堂塔配置の距離関係」が「四天王寺大和山田寺等の堂塔関係距離の比に甚《はなは》だ近似」していることも注目されたのである。

＊　軍守里廃寺跡の発掘報告は、石田茂作「扶余軍守里廃寺址発掘調査（概要）」（『昭和十一年度古蹟調査報告』昭和十二年七月）として発表された。

軍守里廃寺跡の発掘結果は、「内地」の寺院跡調査に大きな影響をあたえることになった。

法隆寺若草伽藍の発掘

昭和十四年三月、喜田貞吉と足立康による法隆寺再建非再建についての立会演説会が開催された。その演説会についての感想を求められた石田は「法隆寺問題批判」（『東京日日新聞』昭和十四年三月二十八日）の一文を書いた。そのなかで法隆寺の普門院南方の若草伽藍《がらん》跡と伝えられている箇所の発掘の必要性を提起した。それは、軍守里廃寺跡の発掘の体験をもとにした見解であった。この文章は広く識者の注目するところとなり、かつて若草の地から搬出された心礎が法隆寺に返還されることになった。ときの法隆寺の管長は佐伯定胤であった。佐伯と昵懇《じっこん》の間柄にあった石田は扶余での体験を語り、寺院跡の発掘の重要性を説いたことがあった。

若草の地に心礎の返還が実現し、旧位置と推定される地点にとりあえず置かれた。それを契機に若草伽藍跡の発掘気運が一気に漲《みなぎ》ったのである。

発掘は、石田と末永雅雄に依頼されることになり、二人の推薦により矢追隆家と澄田正一が加わって実施され、法隆寺再建非再建問題に大きな一石を投じることになったのである。*

＊　軍守里廃寺跡の発掘が法隆寺若草伽藍跡の発掘の実現に大きく関係していた。この点については、石田の『法隆寺雑記帖』（昭和四十四年七月、学生社）と『二つの感謝』（昭和四十九年十二月、東京美術）にその背景が記述されている。

〈朝鮮における民間の研究〉

官民一体の慶州古蹟保存会

大正時代の朝鮮半島における古蹟調査は、朝鮮総督府学務局古蹟調査課が中核となる調査組織のもとで、その関係学者がもっぱら古墳などの発掘調査を実施していた。大正十三年（一九二四）に古蹟調査課が廃止されると総督府の直轄する発掘は一時中断されたが、昭和六年（一九三一）八月には黒板勝美の肝煎《きもいり》によって朝鮮古蹟研究会が発足し、かつての古蹟調査課の調査研究部門を担当することになった。この会の運営基金は、日本学術振興会などの寄附金であったが、その理事長には総督府の政務総監が就任するなど、それは決して民間の研究会ではなかった。

一方、大正の後半から昭和のはじめにかけて、朝鮮半島の各地で、官民一体の保存会、民間の研究会が組織された。

それらのなかでも、慶州古蹟保存会の活動は群を抜くものであった。「地方官民茲《ここ》に鑑《かんが》みる所あり慶州古蹟研究会を組織」し『新羅旧都慶州古蹟図彙』などを編集刊行していたこの会は、大正十五年十一月刊の該書に慶尚北道知事須藤素の「序」を掲げ、まさに「官民一体」の姿を示した。同年同月、諸鹿央雄の所蔵瓦の図録を梅原末治の編集により『新羅古瓦譜』第一輯として上梓したが、その揮毫は浜田耕作であった。

慶州古蹟保存会は、『新羅旧都慶州古蹟案内』をはじめ、『慶州の古蹟と遺物』の絵葉書などを作成していたが、昭和七年十一月に刊行した浜田耕作『慶州の金冠塚』は、朝鮮総督府の古蹟調査特別報告第三冊『慶州金冠塚と其遺宝』（上冊）の未刊分（下冊）を補う意味で注目すべき著作であった。けだし、大正十年から十二年にかけて実施された金冠塚の発掘に際して尽力した諸鹿央雄・大坂金太郎に報いる執筆であったのであろう。慶州古蹟保存会は、慶州遺物陳列館を経営していた実績もあり、また、同会刊の大坂六村（金太郎）の『趣味の慶州』（昭和六年三月、同十四年七月付発行などあり）は、慶州を訪れる人びとにとって慶州の史跡案内書として好評を博した出版物であった。著者の大坂は、明治三十九年（一九〇六）より同末年にいたるまで会寧に在り、会寧小学校を創設して校長として活躍していた。のちに慶州校の校長として赴任し、新羅文化の研究に力をつくした人であった。

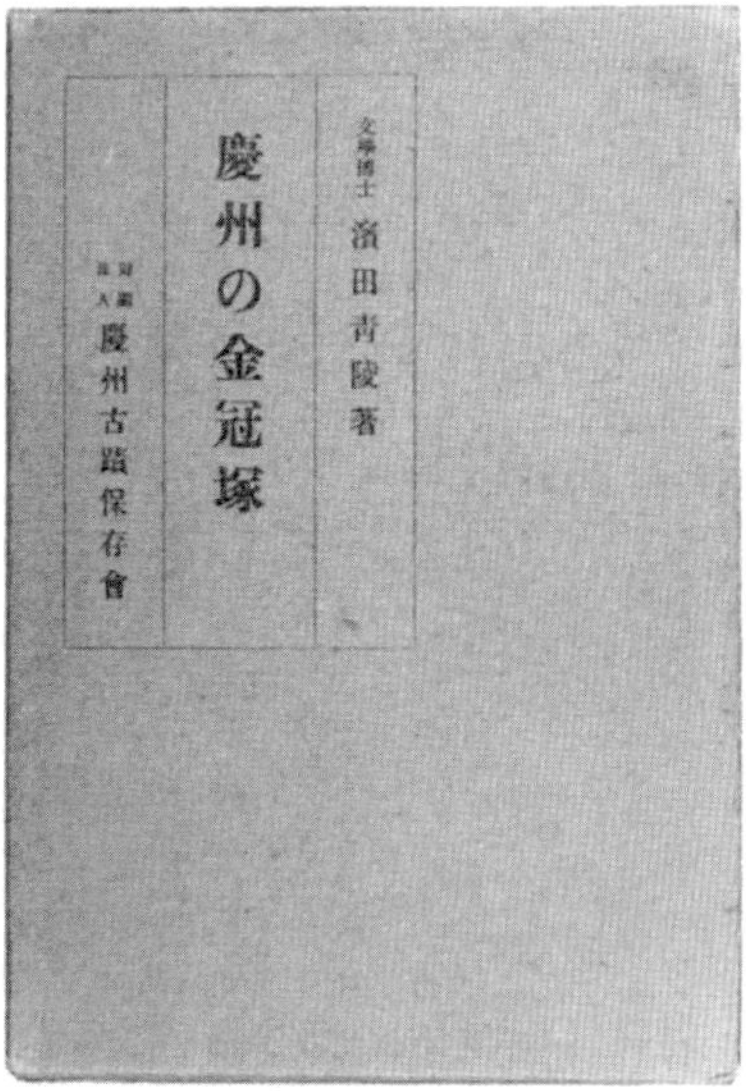

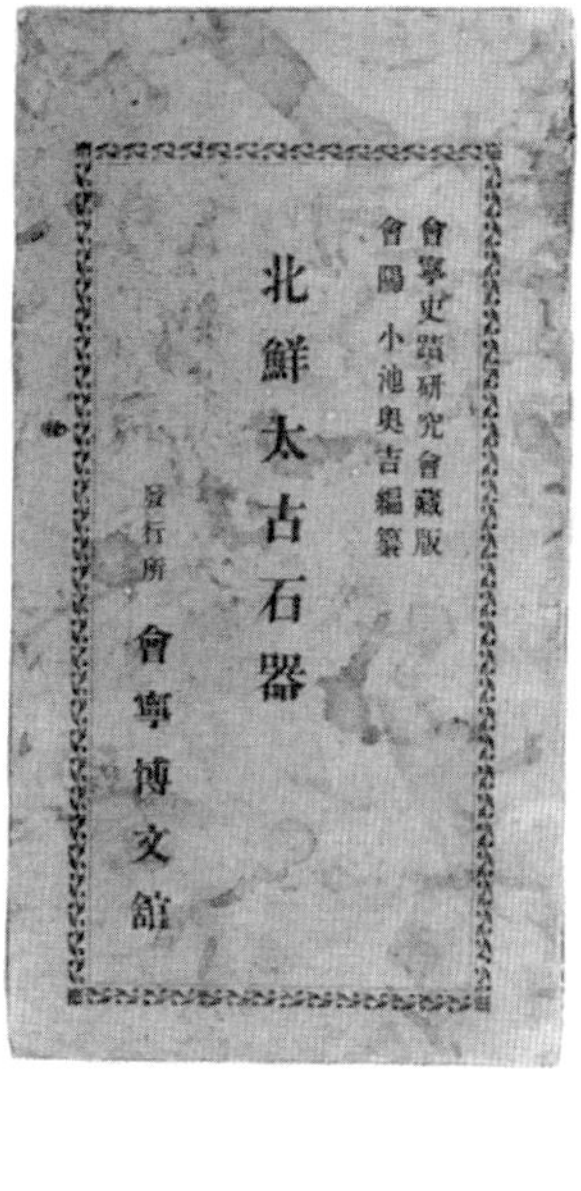

上　浜田耕作〔青陵〕著『慶州の金冠塚』(昭和7年)
下　小池奥吉編『北鮮太古石器』(大正12年)

会寧の研究者

会寧には、大正時代から昭和にかけて小池奥吉が「石器王」と自称して活躍していた。小池は会寧の地を中心として学用品と雑貨を売って生計をたてていたが、各地の学校に石器・土器を寄贈し、その石器・土器には墨書で「小池奥吉寄贈」と書き、北京大学にも寄贈したという。

小池には『北鮮太古石器』（大正十二年十一月、同十三年七月再版）の著作がある。新書判を少し縦長にした大きさ（一九センチ×一〇センチ）の判型、本文四六ページ、図版三五を配し、会寧史蹟研究会の蔵版、会寧博文館の発行である。該書の学問的価値は、大正五年に咸鏡北道の石器時代を調査した八木奘三郎の『朝鮮咸鏡北道石器考』（人類学叢刊　乙　先史学第一冊、昭和十三年七月）に比肩すべくもないが、大正時代の後半から昭和十年ごろまで、会寧にあって石器・土器を採集し、会寧史蹟研究会を組織していた一人の日本〝奇人〟（藤田亮策の表現。「会寧の思い出」『貝塚』三七、昭和二十六年九月）の存在の記録として紹介しておきたい。

いま一人、会寧には熱心な研究者がいた。山本正夫である。山本はとくに会を組織することなどなく、単独で多くの遺物を採集していた。その採集遺物にはみるべきものも多く、東北大学文学部考古学研究室に寄贈され、貴重な資料となっている。

平壌名勝旧蹟保存会

平壌には、平壌名勝旧蹟保存会が組織されていた。とくに、昭和六年（一九三一）の彩篋塚《さいきょうづか》の発掘に際して協力し、朝鮮古蹟研究会の『楽浪彩篋塚』（昭和九年）とは別に『楽浪彩篋塚（遺物聚英）』（昭和十一年）を刊行した。平壌は、楽浪郡・高句麗の故地であるため多くの史蹟が散在し、会の活動も盛んであったと伝えられている。諸岡栄治『楽浪及高句麗古瓦図譜』（昭和十年）の刊行も日本人研究者による記録のひとこまとして記憶されるべき仕事であろう。

このような保存会などは、研究よりも遺跡の保存、遺物の蒐集《しゅうしゅう》、史蹟の啓蒙などにその主活動がおかれ、不特定多数の人たちを対象としていたのであるが、考古学の研究、遺跡・遺物の科学的調査と研究を標榜して組織され活動していた会があった。

釜山考古会

それは、昭和六年九月十二日に発足した釜山考古会であった。* 釜山考古会は「釜山を中心として考古学に関する研究並に其の趣味の普及をはかるを以て目的」としたもので、研究発表、研究旅行、研究資料の蒐集公開、保存の方法、講演会の開催などを活動目的とした。事務所は「釜山ステーションホテル」内、幹事として宮川肇・及川民次郎・大曲美太郎が名をつらね、会員二十余名で発足したのである。

＊　釜山考古会の発足については『ドルメン』昭和七年七月号（第四号）の「学会彙報」にその間の

事情が記載されている。以降、釜山考古会については『ドルメン』誌に同会が活動を寄せた記事を追うことによって、その情況を知ることができる。

発足後ただちに活動を開始した同会は、早速十月十日から十五日にかけて「考古学資料展覧会」（於博文堂書店）を開催した。この展覧会は古瓦と土器を主とし、『目録』（半紙七五枚）も作成頒布された。それには出品された遺物の「採集地や出土地」が記載されたものであったという。

昭和七年一月には、研究発表の会合がもたれ、宮川肇「朝鮮の巴瓦に現れたる文様の研究」などがなされた。

釜山考古会は、釜山に腰をすえた民間の研究団体として活動し、とくに、釜山付近に存在する貝塚に対する注意を喚起したことは注目される。「日本内地から朝鮮にやって来る考古学者は釜山に特種の土器が出土する貝塚が現存しているのに御注意がない」と。同会が計画した研究の一つに「朝鮮の土器及び陶磁器」が挙げられていた。その成果の一端は「朝鮮陶器展覧会」（昭和七年六月十〜二十二日）として発表された。「貝塚土器、新羅焼式土器、新羅焼、高麗焼、李朝焼」を「数百点」展示したが、とくに「東三洞」出土の「櫛目文《くしめもん》と隆起縄文土器（?）」と「全羅南道康津郡大口面各地の窯址」よりの蒐集品が注目される出品であった。

この展覧会に際して同会は『朝鮮陶磁』を出版し配布した。*

＊『朝鮮陶磁』は「菊判七十頁挿画十余枚」で「百部の限定版」であった。目次をみると「はしがき（高須賀虎夫）、朝鮮先史時代土器概説（及川民次郎）、新羅焼概説（植田斧三郎）、高麗時代の焼物（宮川肇）、李朝時代の陶磁器（上山節）」の諸論文のほか「朝鮮陶磁展覧会目録」「展覧陶片古窯址一覧表」、および「釜山考古会々則」が収められたものであった。

釜山考古会は「釜山史蹟踏査会」を主催し、釜山城跡の見学を試みるなど、各方面に積極的に活動を展開したのである。

昭和七年九月より八年八月にかけて、講演会一〇回、座談会八回を開催したが、演者には同会会員のほか、天沼俊一・浜田耕作・水野清一・藤島亥治郎・島田貞彦・黒板勝美という錚々たる学者の名が記録されている。とくに黒板は二回の座談会に出席して「釜山としては任那の文化を物語る博物館が是非必要」であり、「釜山考古会員は其の実現を期すべく励精して事に当るべき」であると説いたことは注目される。この黒板の提案は、釜山考古会の活動の方向を期待した言辞として看過することはできないであろう（『ドルメン』昭和八年十月号「学会彙報」）。

さらに、昭和八年九月四日に関野貞「三国時代に於ける支那南北朝文化の影響」と題する講演会、十月二日には天沼俊一、十月三十日には浜田耕作、十一月五日には梅原末治、十一月八日には矢島恭介を迎えて会合が開催された。

このように「内地」の考古学者を迎えながら活発な活動を行っていた釜山考古会は、中核の宮川肇が、昭和九年四月に「平壌鉄道ホテル」に転勤したことにより、これ以降、同会の消息は伝えられなくなった。宮川は、釜山考古会の発起人の一人として幹事をつとめ、同会の講演会・座談会など、宮川が取締役をつとめていた「釜山ステーションホテル」が会場であり、事務所もそこにおかれていた。宮川の転勤は、釜山考古会の事務所の移転、中心的人物の交代となったようである。わずか三年の活動であったが、釜山考古会の存在は「朝鮮考古学史」のなかに、その記録がとどめられている（西谷正「釜山考古会のこと――朝鮮考古学史にふれて――」『福岡考古懇話会会報』第十一号、昭和五十七年十二月）。

朝鮮考古学会のこと

朝鮮における考古学の学会として、ほかに朝鮮考古学会があった。

朝鮮考古学会は、藤田亮策が代表者であり、事務所は「京城府東崇町二〇一ノ四」におかれていた。この学会の活動については、代表者であった藤田の文章のなかにも登場しないのでその実態は明らかにすることができない。しかし、朝鮮考古学会は「朝鮮考古図録」を二冊刊行している。

第一冊は『白神寿吉氏蒐集考古品図録』である。その奥付には「編纂兼発行者　朝鮮考古学会　代表藤田亮策」とある。そして巻頭に「序」がある。藤田の執筆によるもので「昭和十六年五月二十一日」と記されている。印刷・納本が「昭和十六年七月一日」と同「五日」であり「昭和十六年十一月二十日発行」と見えるので、印刷直前に執筆して印刷所（桑名文星堂――京都市中京区）に届けたものである。それによれば、白神は「平壌公立女学校」の校長をつとめ、後に「京城師範学校」ついで「大邱女子高等普通学校」の創立に従事するなど教育界に活躍した人であった。専門は植物学であったが「平壌」在住のころ、もっぱら「楽浪文化の宣伝と其学術的調査の要を主唱」し、「楽浪博士」の敬称をもっていた。

楽浪の調査は、大正時代のはじめに関野貞などによって着手されて以来、朝鮮総督府博物館、東京帝国大学文学部、朝鮮古蹟研究会によって継続され大きな成果を収めたのであるが、この間、白神は「楽浪文化の宣伝」とともに「絶えず大宮小吏を説いて調査の急と保存の必要を力説」するなど「熱と実行の人」であったという。このような白神の「平壌」「大邱」在住時代の蒐集品を収めた書が「朝鮮考古図録」第一冊として刊行されたのである。その契機は、白神が「昭和十五年六月を以て還暦」を迎えたからであった。

昭和十九年五月、「朝鮮考古図録」の第二冊が刊行された。『杉原長太郎氏蒐集品図録』である。刊行は朝鮮考古学会、著者は藤田亮策であり、「序」を白神寿吉が書いている。それによれば、杉原は「大邱」の杉原合資会社の社長であり「慶尚北道々会議員・大邱府会副議長」であった。蒐集品には「金石併用時代より楽浪・高句麗・新羅」「高麗・朝鮮」時代の「考古遺物」などであった。

この図録の「印行は収蔵者杉原氏の本会への援助と白神氏の配慮とに負ふ所が多」く、出版には梅原末治、校正には小林行雄が尽力した。遺物の調査は榧本《かやもと》亀次郎、企画と図版の作成、解説は藤田が担当した。

朝鮮考古学会は、このように二冊の図録を刊行した。ともに「菊倍判（二三・五センチ×三〇・五センチ）」という大型本で、図版はすべてコロタイプを用い、京都の桑名文星堂が発行所であった。しかし、それ以外の刊行物などの存在は管見にして存知しない。

「朝鮮考古図録」の刊行は「朝鮮」において日本人が蒐集した遺物のカタログとして編集されたようである。したがって、朝鮮考古学会は、その図録を刊行することを目的として藤田が親交のあった人びととの協力のもとに組織された会であったらしい。二冊の図録から窺えることは、朝鮮考古学会は一般的な学会と趣を異にするものであった。

一方、民間にあって朝鮮の考古学の研究に熱意を燃やしていた人びとがいた。

その他の研究者

その代表的な一人が「京城」に在住していた横山将三郎である。横山は、とくに先史時代について関心を寄せ、多くの報告を残した。なかでも、咸鏡北道油坂貝塚、慶尚南道釜山絶影島（牧ノ島）東三洞貝塚の調査は櫛目文土器の内容を深め、京城鷹峰遺跡をはじめとする丘陵地帯の遺跡調査を試みたのであった。*

＊　横山の朝鮮「先史」時代の論文は多数あるが「釜山府絶景島東三洞貝塚調査報告」（『史前学雑誌』五―四、昭和八年八月）はその代表的なものである。副題に「―縄紋式系統の朝鮮大陸との関係―」とあり、横山の研究の意図が奈辺にあるかを窺うことができる。また、「朝鮮の史前土器研究」（『人類学・先史学講座』九、昭和十四年六月、雄山閣出版）は、研究の総括としても興味深い。

また、そのころ、平壌に在住していた笠原烏丸《からすまる》は、平壌を中心として先史時代から高句麗時代にかけての遺物に着目して報告を執筆し、「内地」の雑誌に寄稿した（「平壌付近出土の高句麗の塼に就て」『考古学雑誌』第二六巻第三号、昭和十一年十一月。「朝鮮の擦切石器に就て」『考古学雑誌』第二七巻第一二号、昭和十二年十二月）。

このような官民による朝鮮の考古学は、近年、痛烈な批判が行われていることに眼を向けることも必要であろう（李亀烈〈南永昌訳〉『失われた朝鮮文化』平成五年十二月、新泉社）。

さらに西へ――「満洲国」

〈「満洲」と東亜考古学会〉

「満洲国」と東亜考古学会

中国の東北三省――遼寧・吉林・黒竜江――と内蒙古自治区にわたる地域は、中国〝東北〟の地であり、かつてこの地に日本の植民地「満洲国」がつくられた。昭和七年（一九三二）三月に、溥儀《ふぎ》を執政として建国されたこの国は、昭和二十年八月に消滅した。建国時の元号は「大同」、ついで三年後に「康徳」が用いられた。「大同」は二年間、「康徳」は一二年間であった。

「満洲」地域の考古学的調査は、すでに明治二十年代の後半（一八九二〜九六）、鳥居龍蔵によって先鞭がつけられ、以降、大正時代にいたるまで調査がくり返し行われた。また、明治四十三年（一九一〇）より浜田耕作が、大正七年（一九一八）より八木奘三郎が「渡満」して調査がしだいに本格化していった。

しかし、それらはまだ表面調査*を主とするものであり、本格的な発掘調査の実施にはいたらなかった**。

＊　「関東州」の考古学的調査については、立花政一郎（『関東州原始拾遺』大正五年十月、大阪屋号書店）など民間の研究者によって進められていた。

＊＊　「満洲」の考古学史については、三宅俊成『満洲考古学概説』（康徳十一年〈一九四四〉、李蓮訳『中国東北地区考古学概説』一九八九年）、同『東北アジア考古学の研究』（昭和五十年）、同『在満二十六年―遺跡探査と我が人生の回想―』（昭和六十年十二月、三宅中国古文化調査室）、同『中国東北遺跡探訪』（平成四年九月、東北亜細亜古文化研究所）に詳しいが、水野清一『東亜考古学の発達』（前出）がより詳細である。

組織的かつ本格的な発掘調査は、東亜考古学会の発足によって具体化した（東亜考古学会の報告書『東方考古学叢刊』は、甲種六冊、乙種八冊が刊行されている）。昭和二年（一九二七）年の貔子窩、三年の牧羊城、四年の南山裡、六年の営城子などと続いた発掘は、その代表的なものであった。

東亜考古学会は、昭和二年三月に発会式をもった「東亜諸地方ニ於ケル考古学的調査ヲ以テ目的トス」る組織であった。学会は、発足の年に早くも遼寧省普蘭店付近の発掘を実施したのであるが、同会はすでに大正十四年の秋に組織化をみていた。事実、大正十五年八月付で外務大臣（男爵幣原喜重郎）宛に「貔子窩調査助成金下附願」が東亜考古学会（常務委員浜田耕作・原田淑人、幹事島村孝三郎）から提出されていたのである。

「満洲国」と古蹟保存会

昭和七年に建国された「満洲国」は、建国の二年後、大同二年（一九三三）七月一日付で「古蹟保存法」を制定して公布した。この法は、康徳元年（一九三四）三月に修正がされるが、その後、永く「満洲国」において用いられた。

そして「満洲国国務院文教部」は、康徳三年以降「古蹟古物」を「全国的に調査を行」ったのである。その報告書は「八〇篇の多きに達し」たのであるが、刊行された主なものは次の五冊である。

満洲国古蹟古物調査報告書

第一篇　錦州省の古蹟（八木奘三郎）

第二篇　考古学上より見たる熱河（島田貞彦）

第三篇　間島省古蹟調査報告（鳥山喜一・藤田亮策）
第四篇　吉林・浜江両省に於ける金代の史蹟（園田一亀）
第五篇　延吉小営子遺跡調査報告〈上〉（藤田亮策）

「満洲国」の文化財行政は「古蹟保存法」をもとになされていたが、その所管は民生部（のちに文教部）であり、三宅俊成が康徳七年（一九四〇）から文化財調査委員（兼保存協会主事）としてことにあたっていた。

東亜考古学会は「満洲国」の建国後も活発な調査活動をつづけ、大同二年（一九三三）に羊頭窪・東京城（第一次）、康徳元年に東京城（第二次）、二年に赤峰紅山後などを発掘した。

「満洲国」の考古学調査

建国後の「満洲」は、「満洲国国務院民生部（文教部）」と各省・博物館をはじめ東亜考古学会のほか、満蒙学術調査研究団、満日文化協会、日本学術振興会など日本の官を中心とする人たちの肝煎りによって組織された調査団によって、各地の考古学的調査が実施されたのである。*

＊　個人的な調査としては、三宅俊成の業績が知られているが、斎藤甚兵衛『半拉城《はんらじょう》―渤海の遺跡調査―』（康徳九年〈一九四二〉十一月、満洲国間島省琿春県公署）斎藤優（甚兵衛）『半拉城と他

の史蹟』（昭和五十三年一月、半拉城址刊行会）も等閑視することができない。

満日文化協会は、昭和十五年十月に池内宏に撫順に存在する高句麗の北関山城跡の調査を委託した。北関山城跡については、すでに昭和十三年に池内の踏査によって重要な遺跡であることが判明していたからである。

池内は、三上次男および小山富士夫などの参加をえて調査隊を組織し、「満洲国」側の三宅宗悦・斉藤武一・李文信・渡辺三三などの協力のもとに調査を実施し、ついで第二次調査は昭和十九年五月に行われた。*

＊　三上次男・田村晃一『北関山―高句麗山城・高句麗「新城」の調査―』（平成五年）。

また、康徳十年（昭和十八、一九四三）五～七月に第一次、あくる年の五月に第二次の発掘調査が実施された東蒙古（興安総省林東）の祖州城跡に対する調査も注目される。

祖州城跡は、遼代の城跡と考えられる城跡で、「満洲国興安総省立林東史蹟保存館」の主催により、島田正郎を中心に和島誠一のほか「満洲国」側の大内健などが参画して実施された。この城跡については、すでにミュリー（Jos. Mullie）によって祖州城跡に比定されていたのであるが、その後、田村実造による踏査と研究によってほぼ定説化していたのである。*

＊　祖州城跡の二ヵ年にわたる発掘の結果については、島田正郎『祖州城―東蒙古モンチョックアゴラに存する遼代古城址の考古学的歴史学的発掘調査報告―』として発表された（昭和三十一年一月）。

これら各調査団のなかでも、東亜考古学会の果たした役割は大きなものがあった。＊また、満日文化協会主催のもとに実施されたワールマンの遼三陵（聖宗・興宗・道宗）の調査（田村実造・小林行雄『慶陵』昭和二十八、二十九年。田村実造『慶陵の壁画』昭和五十二年十二月、同朋舎出版。『慶陵調査紀行』平成六年七月、平凡社）は、京都帝国大学に所属する学者によって行われたのであった。

＊　東亜考古学会は、「満洲国」内における発掘調査のほか昭和六年と十年の二回にわたって「蒙古調査班」を「内蒙古錫林郭爾地方及び烏蘭察布地方」に派遣した。『蒙古高原横断記』（昭和十二年、補訂再版―昭和十六年九月、日光書院）はその記録である。この踏査中の見聞（江上波夫）が、満日文化協会の遼代三陵―慶陵調査の直接的きっかけとなった。

このように「満洲国」の考古学は、東亜考古学会に拠った日本の官学主導のもとに行われたのであり、国立中央博物館奉天分館・哈爾浜博物館をはじめ各地に設立された保存館（遼陽・撫順・牡丹江省東京城・林東）、郷土館（金州）・宝物館（熱河）などの運営も同様であった。とくに租借地の関東州の旅順博物館には島田貞彦*（前京都帝国大学考古学教室助手、講師）が主事として采配を振るい、「内地」と「満洲国」との考古学交流に大きな役割を果たしていた。また朝鮮の場合と同じく日本学術振興会が考古学的調査に深いかかわりをもっていたことも注目しなければならないのである。

* 島田貞彦『考古随筆　鶏冠壺』（康徳十一年〈一九四四〉）は、「満洲国」の考古学について瞥見するとき三宅俊成『満洲考古学概説』（康徳十一年〈一九四四〉）とともに当時の事情を伝える貴重な文献である。

〈「満洲国」康徳十一年の考古事情〉

康徳十一年の考古学書

「満洲国」の首都「新京」（長春）において二冊の考古学書が出版された。三宅俊成『満洲考古学概説』*（B6判、口絵図版八ページ、本文二四五ページ、六月二十八日発行、新京特別市中央通六番地・満洲事情案内所）と島田貞彦『考古随筆　鶏冠壺』**（B6判、口絵図版八ページ、本文二八五ページ、十月二十五日発行、新京特別市豊楽路五一〇号、満洲時代社）である。両書ともに三〇〇〇部が刊行された。

* 本書の存在を知ったのは、昭和三十年頃のことである。東京・神田の古書店で手にしたが高価で

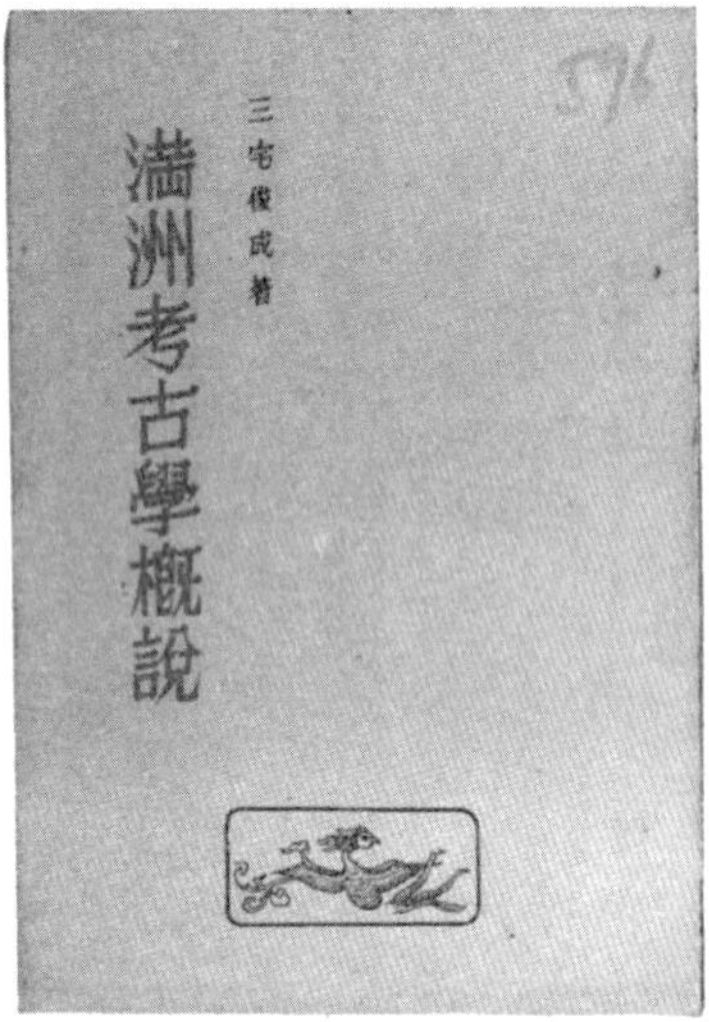

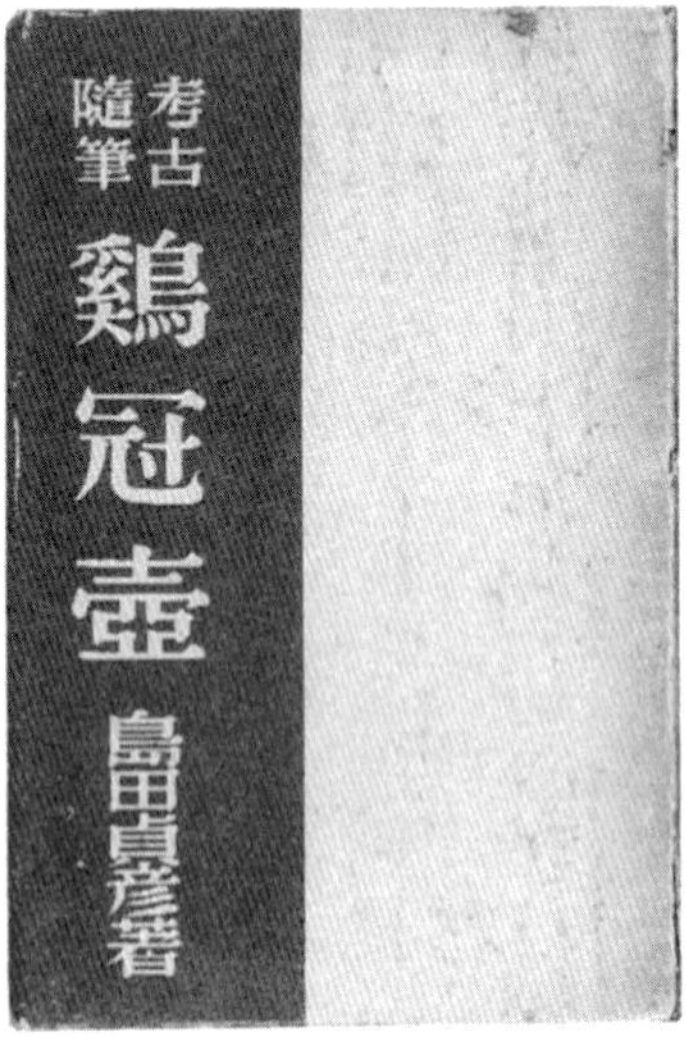

上　三宅俊成著『満洲考古学概説』(「康徳」11年)
下　島田貞彦著『考古随筆鶏冠壺』(「康徳」11年)

購入不可能であった。メモをとるべくあくる日に訪れたとき、すでに無かった。その後、多くの先学に伺ったが、所蔵されている人は稀であった。その稀な一人が平井尚志である。平井は「新京」の書店で購入したとのことであるが、当時「満洲」の学者も注意していなかったそうである。また、「殆ど内地には入って」いなかったとのご教示を頂いた。近ごろ、偶然の機会に入手した。

＊＊　本書も珍本の部に入るであろう。かつて、角田文衞が、島田貞彦の特集を『古代文化』で企画した際、八方手をつくしたが架蔵している人が見当たらなかったという。『古代文化』（第三七巻第七号、一九八五年七月）紹介の書は、京都大学考古学教室の所蔵本である。

同年、「内地」で出版された考古学の単行書には、大山柏『基礎史前学』、梅原末治『東亜考古学論攷㈠』、後藤守一『埴輪の話』『祖先の生活』のほか、石田茂作『総説飛鳥時代寺院址の研究』、高井悌三郎『常陸国新治郡上代遺跡の研究』がみられる。

三宅著は、「康徳九年」（一九四二）に「満洲国民生部及満洲古蹟保存協会合同主催の講習会」の講演記録をもとに編まれた「満洲の古蹟古物研究の入門書」であり、島田著は、「大同元年」（一九三二）以来「満洲」の旅順博物館において研究に従事してきた著者にとっての「一つの記念塔」としての小論集であった。

また、「康徳十一年」には、前年に発行された注目すべき考古学の図録が広く紹介された。『旅順博物館図録』＊（A４判、図版一二八、東京・座右宝刊行会）がそれで三木文雄が紹介の労をとった。

＊　旅順博物館の図録は何種類かある。藤枝晃「旅順博物館展によせて」（『旅順博物館所蔵品展―幻の西域コレクション―』〈平成四～五年〈一九九二～九三〉〉を参考にした。

二冊の考古学書と一冊の考古学図録は「康徳十一年」とその前年という「満洲国」消滅の直前に刊行された日本人による「満洲国」の考古学的調査研究の掉尾《とうび》を象徴するものであるが、現在、それらは巷間に知られることなく忘れ去られている感が深い。

三宅俊成と考古学

「満洲国」は、建国の翌年（大同二年）に〝古蹟保存法〟を制定したが、「康徳元年」には、その一部を修正して、三月に勅令第一一号として公布した。古蹟とは「古墳城寨、烽燧台、駅站、廟宇、陶窯等ノ遺址戦蹟其ノ他史実ニ関係アル遺蹟並ニ貝塚、石器、土器、骨角器類ヲ埋蔵スル先史遺蹟」（第一条）をいい、「古蹟ヲ発見シタル者ハ遅滞ナク北満特別区長官、特別市長、県長又ハ市長其ノ他之ニ準ズル官署ノ長官ニ届出ツベシ」（第二条）と規定され、さらに「古蹟ヲ損壊又ハ毀棄シタル者ハ五年以下ノ有期徒刑拘役又ハ千円以下ノ罰金ニ処ス」（第一三条）と定められた。

さらに、「康徳四年十月五日付」の民生部訓令第四三号として〝古蹟ノ保存徹底ニ関スル件〟(「伝聞スル所ニ拠レバ近来古蹟特ニ古墓或ハ先住遺蹟等ヲ無許可ニテ発掘シ該発掘品及墓誌銘等ヲ隠匿スルモノ或ハ古物商又ハ仲買人ニ估売《こばい》シ密ニ之ヲ国外ニ搬出スルモノアリ若シ事実トセバ甚ダ遺憾ナリ……」)を令したが、これは〝古蹟保存法〟の公布にもかかわらず、遺跡の盗掘がやむことなく続けられていたことを示している。

「康徳九年」は「満洲国」の建国一〇年にあたり、この年の四月、満洲国古蹟古物名勝天然紀念物保存協会主事に任じられていた三宅俊成は、協会と民生部との共催による講習会の講師として「満洲国」の考古学について演じるところがあった。

すでに「満洲国」の国務院文教部は、国内の古蹟調査を専門家に嘱して実施し『満洲国古蹟古物調査報告書』(第一～五編)を公にし、一方、博物館・古物保存館を各地に設けていた。旅順博物館、国立中央博物館奉天分館・哈爾浜博物館・輯安高句麗博物館のほか、金州郷土館・撫順古物保存館などがそれである。国立中央博物館の『時報』、奉天図書館の『叢刊』をはじめとする出版物には多くの考古学関係の論文・報告が発表され、鳥居龍蔵・関野貞・八木奘三郎、さらに浜田耕作・原田淑人・村田治郎・水野清一・駒井和愛・三上次男・江上波夫などの業績ともども、「満洲国」における考古学的知見は相応に知られていた。

三宅は、このような先輩の研究に加えて、自己の研究結果をもとに「満洲考古学」について展望したのである。

『満洲考古学概説』

『満洲考古学概説』は、まさにその講演をもとにまとめられたものであった。*

第一章序説（第一節地球と人類、第二節考古学の定義）、第二章満洲の先史考古学（第一節概説、第二節満洲の旧石器時代、第三節満洲の新石器時代、第四節満洲の金石併用時代）、第三章満洲歴史考古学（第一節概説、第二節遺跡と遺物〈一城址、二瓦甎《がせん》、三墳墓、四絵画、五彫刻、六工芸〉、第三節遺跡遺物の分布〈一城址の分布、二古寺廟の分布、三古塔の分布、四古碑の分布〉）、第四章満洲考古学史（第一節概説、第二節踏査時代、第三節本格的調査発掘時代）、第五章満洲の博物館及古物保存館、第六章古蹟古物保存論、附録（満洲国の古蹟等に関する法規）である。

＊　三宅は、「自序」において、「他日専門的な『満洲考古学研究』を刊行したい」と表明していたが、のちに『東北アジア考古学の研究』（昭和五十年十一月、国書刊行会）を刊行して宿願を果たした。

そこにおいて説かれている事柄について、現在の認識からみるとき必ずしも十全ではありえないが、前掲の保存協会の主事として、また、調査委員として尽瘁《じんすい》していた三宅にとって全力を傾注した著作であった、と言えるであろう。

『満洲考古学概説』は、その出版の後、四五年をへた平成元年（一九八九）五月に吉林省博物館の李蓮によって『中国東北地区考古学概説』と改題した中国語訳が東北亜細亜古文化研究所*から刊行された。

＊　千葉県船橋市丸山四―二三―一四、三宅の自宅に設置されている。

本書は、時代を先史と歴史に大別する方法を採っているが、このような区別は、当時における日本人考古学者に共通するものであった。歴史時代の開始を漢文化におき、以降、高句麗・渤海・遼・金・元、そして明・清代をも念頭においたものであったが、それは、城・古寺廟・古塔・古碑の分布を意欲的にとりあげた態度とともに、歴史時代の考古学の対象を考えるとき一つの識見とさるべき見解であった。先史時代についても、その頃、話題となっていた旧石器にふれ、土器を論じ、巨石文化に注目したことは、金石併用時代の解説とともども著者の関心を示す内容であったといえよう。

「満洲国」の考古学の資料として、本書が重要視されるのは、とくに「満洲考古学史」をまとめていること、「満洲の博物館及古物保存館」の状況を紹介していること、「満洲国の古蹟等に関する法規」を附載していることである。そこには傀儡《かいらい》国家としての「満洲国」が古蹟の保存などに対して、どのような法をもって臨んだかがよく表れている。「古蹟保存法」は簡単ではあるが、その制定の背景を考えるには十分な条文をもっているのである。

「満洲国」建国の年、大同元年（一九三二、昭和七）に、京都帝国大学考古学教室から旅順博物館に転じた島田貞彦の『鶏冠壺』は、〝考古随筆〟を書名の頭につけている。島田の勤務した「旅順博物館」は、「関東都督府満蒙博物館」（一九一七年四月創立）を前身とする「関東庁博物館」（一九一九年四月十二日創立）が、「康徳元年」に入って改称されたものである。

浜田耕作の「忠実なる助手」であった島田は、その後「旅順博物館」を活動の拠点とし日本の降伏までその地にあった。

『考古随筆　鶏冠壺』

『鶏冠壺』も、さきの『満洲考古学概説』とともに「満洲国の考古学」を考えるとき等閑視することができない一書である。旅順博物館は、その歴史と位置から「満洲国」と日本「内地」との情報の接点の役割を果たしていた。それは「京大の島田」の存在によるところが大きかったが、それ以前から、たとえば東亜考古学会の活動の一拠点となっていたことが注意されよう。

上　関東庁博物館の全景（大正14年頃）
下　関東庁博物館の『博物館陳列品図譜』（1925年）

島田にとって旅順博物館は「満洲国」における考古学の情報の発着基地であったが、それは「満洲国」の考古学に関心をもつすべての考古学者にとっても同様であった。『鶏冠壺』に収められた小論のすべてがそれを物語っている。「旅順博物館風景」を巻頭に配し、「関東州」の遺跡・遺物について説き、「満洲考古学」の学史と趨勢を論じ、さらに、発掘の実情と紀行文を配し、ついで、関野貞・浜田耕作と「満洲」考古学、鳥居龍蔵と八木奘三郎についての文章は、本書が小冊ながら、「満洲国の考古学」を考えるにあたり不可欠の著作であることを物語っている。

「旅順の新市街の西港寄りに、白亜の大きな建物が聳立してゐる。露国統治時代の半成家屋を利用して造つた近世復古式の建築で大正七年に竣工し、これが関東州庁の設立にかゝる旅順博物館となつてゐる……」（島田「旅順博物館風景」）。

このように島田が紹介した旅順博物館の図録（関東局編纂『旅順博物館図録』A4判、図版一二八、昭和十八年九月、東京・座右宝刊行会）が、面目を一新して刊行された。

すでに同館の前身、関東庁博物館時代に『博物館陳列品図録』（横四六倍判、図版五〇、大正十四年三月）および『関東庁博物館図録』（菊判、図版八〇、昭和八年七月）が出版され、ついで、昭和九年（一九三四）に旅順博物館として改称されたその翌年に『旅順博物館陳列品図録』（菊判、図版一一五）が、一九三七年に『旅順博物館陳列品解説』（菊判、八〇ページ）が刊行されていた。

しかし、Ａ４判の図録三〇〇部の刊行は、かつての図録を版・ページ・質ともに凌駕したものであり、とくに、旅順博物館が世界に誇る〝大谷コレクション〟の多くが紹介されたことは注目される。三木文雄が早々に『考古学雑誌』（第三四巻第五号、昭和十九年四月）に「書評」として本図録をとりあげたのは当然のことであったと言えよう。

内地での発掘報告

「康徳十一年」の「満洲国」および「関東州」の考古学界は、島田貞彦と三宅俊成とがあいついで、それぞれ積年にわたる研究成果の一端を単行書として刊行したが、一方、遼陽の漢代壁画古墳の第三次調査が、駒井和愛・島田正郎・和島誠一などによって実施された年でもあった。

「満洲国」における二冊の刊行に対し、「内地」においても関係書が二冊刊行された。村田治郎『満洲の史蹟』（菊判、図版一〇〇、本文五七二ページ、五月五日、座右宝刊行会）と八木奘三郎『増補満洲考古学』（菊判、図版二五、本文六八〇ページ、五月三十日、荻原星文館）である。前書は三六〇〇部、後書は二〇〇〇部が発行された。この二冊の書は、満洲を主題にした著作であるが、著書は共に長年月にわたって現地調査を遂行した学者であった。

村田の著書は「満洲国の建国十周年を……祝賀したいといふ希望」から発して執筆されたものであったという。また、八木の著は、かつての『満洲考古学』(菊判、図版二五、本文六二〇ページ、昭和三年六月、岡書院)の〝増補〟版である。巻末に清野謙次の「先進考古学者としての八木奘三郎氏」が付載され、八木の満洲地域における研究書として名高い『満洲旧蹟志』上・下、『続満洲旧蹟志』などに盛られている先駆的な業績などが紹介されている。八木の書が一六年以前に刊行された論文集の増補版であるのに対して、村田の書は、書き下しの「概説」と「各説」より構成されている。一つは学史的なものであり、一つは新しい知見による最新の成果を披瀝しているという対照的な著作であるが、それぞれ大きな意味をもって学界に登場したものであった。

「新京」と東京で、あいついで刊行されたこれらの著書は、「満洲国」と密接に関係しあって刊行されたものであり、「康徳十一年」における「満洲国の考古学」の状況をよく示す出版物であったと言えよう。

〈「北支」と蒙疆考古学〉

「北支」の考古学調査

旧「察哈爾」「綏遠」の両省および山西の北部は「蒙疆」と称され、「北支」とも呼ばれていた。

この地域の考古学的調査に日本の学者が関係したのは明治四十一年（一九〇八）に溯る。それは鳥居龍蔵による踏査であった。その後、久しく関心の外にあったが、昭和五年（一九三〇）に東亜考古学会の留学生であった江上波夫と水野清一が「蒙古及び支那北辺」を踏査し、細石器・青銅器および縄蓆文土器に関する知見を得たことに端を発し（江上波夫・水野清一『内蒙古・長城地帯』東方考古学叢刊　乙種　第一冊、昭和十年四月）、江上の提言によって東亜考古学会は「錫林郭爾・烏蘭察布」に「地質・古生物・人類・考古」各分野から編成する調査団を派遣したのである。* この調査には外務省文化事業部・原田積善会・細川侯爵家が助成するところがあった。

＊　地質・古生物・人類の各分野についての報告は『蒙古高原』（前篇）、東方考古学叢刊　乙種　第二冊、昭和十六年八月）として公表された。

東亜考古学会は、ついで昭和十二年、ドロンノールの元代上都の発掘を実施した（原田淑人・駒井和愛『上都』東方考古学叢刊　乙種　第二冊、昭和十六年十一月）。原田淑人・駒井和愛の担当になるこの調査にあたって外務省文化事業部より調査経費「一切」が助成された。

昭和十六年から十八年にかけて、蒙疆の陽高県で漢代の墳墓が発掘された。万安北沙城と陽高古城堡がそれである。前者は「仮糧堆《ジャーリヤンドウイ》」、後者は「謊糧堆《ホワンリヤンドウイ》」と称されている〝偽りの糧食の山〟伝説をもつ土饅頭であり、墳墓としての伝承などは存在しなかった。大同の雲崗石窟の調査にあたっていた水野清一は、これらの「堆」に着目し、東亜考古学会の事業として発掘することになった。

万安北沙城の発掘は、水野の担当により三基を対象として実施され、それが漢代の墳墓であることを確認した（水野清一・岡崎卯一『万安北沙城』東方考古学叢刊　乙種　第五冊、昭和二十一年十二月）。この発掘は「蒙古政府の出資、大同石仏保存協賛会の主催」であり、東亜考古学会にそれが委嘱されたのである。

陽高古城堡の発掘は、三基を対象として小野勝年・日比野丈夫および水野清一などの担当により、昭和十七年から十八年にかけて実施された（小野勝年・日比野丈夫『陽高古城堡』東方考古学叢刊　乙種　第八冊、平成二年七月）。調査の主体は、大同石仏保存協賛会と陽高県史蹟保存会であった。

北沙城および古城堡の発掘は、それらが漢代の墳墓をして確定されたが、とくに古城堡における豊富な副葬品の発見は考古学界を瞠目させたのみならず、日本「内地」の関係者の耳目を欹《そばだ》てるに十分な結果であった。この古城堡の発掘の結果は、ただちに「内地」京都において報告会がもたれた。

内地での発掘報告

それは大東亜学術協会の第二回談話会における日比野・水野の講演であった。昭和十七年十二月十九日に開催された講演の内容は『蒙疆に於ける最近の考古学的発見』と題し「大東亜学術叢誌」一として刊行された。* 大東亜学術協会は「大東亜共栄圏の風土・民族・文化を調査研究し、その成果を一般に普及し、大東亜新文化の建設に寄与せんことを以つて念願」として昭和十七年六月に誕生したのである。したがって古城堡の発掘結果は「大東亜建設の秋《とき》にあたり、共栄圏に関する諸般の学術研究の成果を、一般に普及し拡充すること」に、まさに好適であった。「実に支那本土を通じていまだ行はれたことのない古墳の学術調査が、蒙疆においてしかも我が国人の手によつて行はれたといふ点においても意義深い」ものがあったのである。

* 古城堡の調査については、調査主体から『蒙疆陽高県漢墓調査略報』（昭和十八年十二月、大阪・大和書院）が、調査担当の小野・日比野の「調査日記」を主とした『蒙疆考古記』（昭和二十

一年、座右宝刊行会）が、それぞれ公にされている。正式報告書は、発掘後四八年目に刊行された。調査を担当しこの報告にあたった日比野と水野は「蒙古政府の招聘《しょうへい》を受け東方文化研究所より派遣された」官の学者であった。

蒙疆の考古学的調査で注目されるのは、雲崗石窟の調査である。山西省大同県の西、雲崗に存在する北魏時代の石窟（「大窟二一、中窟二〇、小窟仏龕数しれず」―岡崎敬）は、明治三十五年（一九〇二）に伊東忠太によって紹介されたものであるが、この調査を昭和十三年（一九三八）から十九年にかけて実施したのは水野清一と長広敏雄を中心とする東方文化学院京都研究所に所属する研究者であった（水野清一・長広敏雄『雲崗石窟』十六巻、昭和二十六〜三十二年）そして曇曜五窟をはじめとする雲崗石窟の実態が明らかにされたのである。

水野・長広は、雲崗石窟を調査する以前、昭和十一年三月から五月にかけて「北支那石窟研究」の一つとして、響堂山（長広敏雄・水野清一『河北磁県河南武安 響堂山石窟』昭和十二年）と竜門（水野清一・長広敏雄『河南洛陽 竜門石窟の研究』昭和十六年）の石窟を調査し、雲崗石窟の本格的調査にそなえてきた。しかしその調査は決して安穏ではなく、四月十日より十五日に及んだ響堂山においては「磁県及び彭城鎮の巡警が絶えず護衛の任にあたり」、また、洛陽では四月二十四日より二十九日まで「土地の人気がわるく、治安も十全でなく、そのうへ官憲が反日的」ななかで調査が行われたのである。とくに竜門の調査に際しては「数名の自転車警官が、護衛と看視とをかねて同行」したのである。

雲崗石窟の調査は、このような環境のもとで実施されたのであった。*

＊　雲崗石窟の調査については、水野清一『雲崗石仏群—東方文化研究所雲崗石窟調査概報—』（昭和十九年六月、朝日新聞社）が本報告（水野清一・長広敏雄『雲崗石窟』一六巻、昭和二十六〜三十二年）に先立って刊行されたが、調査に携わった水野『雲崗の石窟とその時代』（昭和十四年、一部修正本、昭和二十七年四月、創元社）、水野・長広『大同の石仏』（昭和二十一年九月、座右宝刊行会）、長広『雲崗石窟』二冊、中国文化史蹟（昭和五十一年）、『雲岡日記—大戦中の仏教石窟調査—』（昭和六十三年、日本放送出版協会）などがある。とくに『雲岡日記』は昭和十四・十六・十七・十九年における長広の調査日記であり、昭和十年代における蒙疆の実態を知ることができる。

蒙疆における考古学は、東亜考古学会の関係者による漢代墳墓の発掘と東方文化学院京都研究所（東方文化研究所）所属の学者による「北支那石窟研究」が中心であった。

そして西南に――中国大陸と「台湾」

〈「中支」と戦場の考古学〉

「中支」の報告書『江南踏査』

昭和十二年（一九三七）七月七日の盧溝橋《ろこうきょう》事件の後、戦火を拡大して、十二月十三日には南京を「占領」した日本軍は、「南京に遺棄せられて行つた……国立中央研究院歴史語言研究所の調査に係る河南省安陽の殷墟殷墓其他の夥《おびただ》しい出土品の整理」（梅原末治「近年我が学者の行ふた支那の考古学的調査に就いて」『東亜考古学概観』昭和二十二年）を行った。考古学部門を担当したのは梅原末治であった。

この梅原による「整理」とともに注目すべきは慶応義塾の「支那大陸学術旅行隊」の派

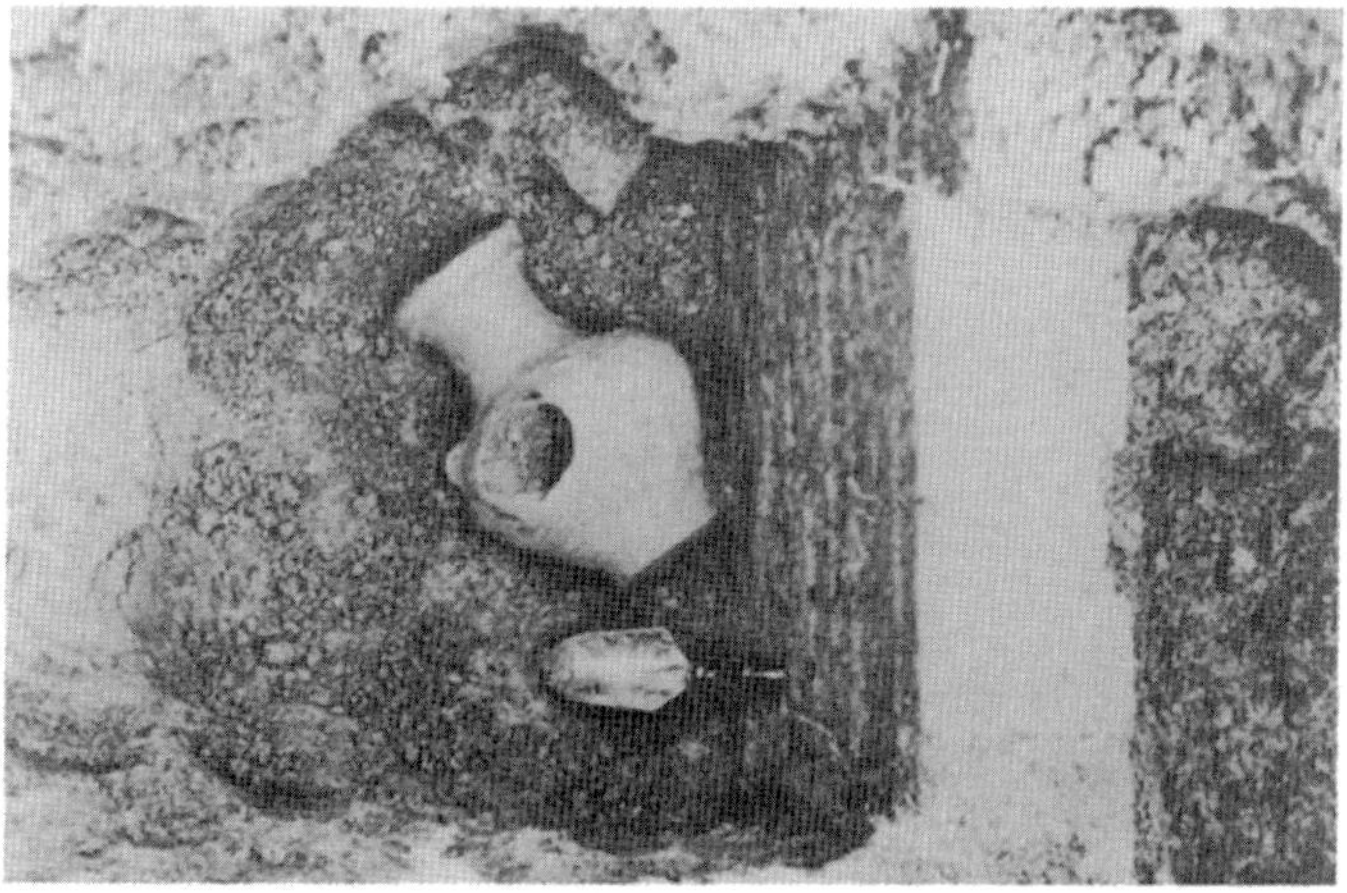

上　南京・国立中央研究院歴史語言研究所の「整理実況」
（『江南踏査』昭和16年）
下　杭州古蕩の「塼墓瓦壺A出土状況」（『江南踏査』昭和16年）

遺である。この計画は柴田常恵（大山柏・柴田常恵・松本信広「支那学術調査団考古学班報告」『史学』第一七巻第二号、昭和十三年）の発案によるもので、大山柏（「北支」については、大山柏「北支調査行」『史前学雑誌』第一〇巻第四～六号、昭和十三年）、柴田（中部「支那」）、松本信広（「中支」各地）の率いる三班によって実施された。

「中支」班の報告書『江南踏査（昭和十三年度）』（松本信広・保坂三郎・西岡秀雄、慶応義塾大学文学部史学科研究報告書 甲種 第一冊、昭和十六年十二月）は、派遣の実情をいまに生々しく伝えている。「序」を寄せた小泉信三は「昭和十二年暮、南京陥落して戦局が重要なる新段階に入ると間もなく、慶応義塾大学文学部に属する史学者の間に、速に現地に赴いて支那学術の調査、古文化遺跡の視察発掘を行ふことを急務とするの議が起り、議熟して十三年五月、先づ三班の学術旅行隊を派遣することになつた」と述べ、「当時諸学者が纔《わず》かに砲烟収つて未だ日ならざるに、競つて学術的現地調査の必要を説」いたことを「快」としている。「中支」班は、松本のもと保坂三郎（大学院）・西岡秀雄（学生）が参加し、南京・杭州（古蕩石虎山遺跡）・上海であった。当初計画は「発掘を主眼とし、支那諸博物館に存する既存標本整理は余り念頭に置いてゐなかつた」のであるが、結果的には南京の国立中央研究院歴史語言研究所・陶瓷研究所・古物保存所の「整理」、杭州の古蕩石虎山遺跡の試掘、上海の亜細亜協会博物館の視察となった。古蕩石虎山遺跡の試掘は「漢末六朝初期あたり」の塼室墓《せんしつぼ》を発掘し、一方、黒陶の年代観についての見通しを得たのであった。

「南京占領」直後に南京に赴いて「整理」作業に従事した梅原、間髪を入れず「支那大陸」に「学術調査隊」派遣を発案した柴田、この二人の学者は「国」に直接、間接に関係していた。梅原は京都帝国大学助教授、柴田は東京帝国大学助手・内務省・文部省に席をおき、慶応義塾の講師を兼務していたのである。

「占領」の後、その地の宣撫工作の一つとしての「考古学的工作」(梅原の表現)が、官の主導のもとに実施されていったことは当然のことであった。

このような動きは「大東亜共栄圏」の各地域に認められるが、一方、民間の考古学研究者が徴兵され「外地」に赴くことも決して稀ではなかった。

戦場の考古学者

一兵士として戦場に臨んだ研究者の感慨について余人が察することはできないが、戦場で一人の考古学者が遭遇した考古学的体験の資料が伝えられている。*

＊　江坂輝彌の体験である。この体験については同氏より直接にご教示を願ったが、その発端は氏執

筆の「浙江省慈渓県城小東門外遺跡」（『史学』第二六巻第一・二号、昭和二十七年）についての質問からであった。それは、同論文に石器の実測図が掲げられているが、土器については記述のみであったので、土器の存否を伺ったのである。その際、江蘇省江寧県秣陵関遺跡に話題が移り、発掘をめぐる背景について教示を頂くことができた。当時の『朝日新聞』など氏がご提示下されたものである。徴兵された一人の考古学者が、戦場において、どのように考古学と対応していたのか、きわめて貴重な体験であり、氏のご教示とお許しをえて記録しておきたい。

昭和十八年（一九四三）十二月十六日付の『朝日新聞』は、「兵隊科学者のお手柄」と題する二段抜きの記事を掲載した。

〔南京特電十四日発〕　一兵士が討匪行の途中、偶然にも殆ど完全な三千年前の壺形土器を発掘、新石器時代の中支文化研究に貴重な資料を提供した――中支○○部隊一等兵江坂輝彌君（東京都世田谷区赤堤町一〇四二出身）は東大人類学教室で八幡一郎講師の指導の下に考古学を研究、さらに文理大地質鉱物学教室の副手を務めたのち、慶大文学部史学科で考古学を研究中、畔のお召しによつて勇躍応召した新進学徒であるが、去る十一月下旬○○作戦に加はり、南京の南方約二十五キロ江寧県秣陵関附近を行軍中、郊外の小山窰で北西に面した黄土の崖の中途に珍しく壺の一部が現はれてゐるのを目ざとく発見、掘り出して持ち帰つて、文献によつて調べた結果この壺は新石器時代の末期から春秋戦国時代のころのもので少くとも三千年前のものと判明した。

南京よりの特電として、東京の『朝日新聞』に報じられた右の次第は、当時、南京の『大陸新報』などにも大きく報道された。

昭和十八年に入り、二月にガダルカナル島撤退、五月にアッツ島守備隊全滅、九月に絶対防衛線をマリアナ・カロリン・西ニューギニアの線に後退、と拡大した日本軍の戦線もしだいに縮小せざるをえなくなり、その年の十月二十一日には神宮外苑において学徒出陣壮行大会が行われるなど、暗雲が立ち込めていたころ「兵隊科学者」の記事が日刊新聞に掲載されたのである。

その主人公——江坂輝彌は、昭和十七年十一月の『古代文化』第一三巻第一一号の編輯後記に「此の節、『勝つてくるぞ』と勇しく征途につかれる同学の士が多い。考古学界の名物男江坂君もその一人である」と紹介されていた。

江坂が中支派遣第一〇一部隊（南京防衛司令部）の一兵として、南京の南方において発見した一つの〝壺〟をめぐる報道は、南京地域における作戦が順調に行われていたことを暗示させるために有用であり、そこにゆとりを感じさせるのに効果的であったといえよう。

この報道は、軍の上層部に好印象をあたえ、十二月の二十五、二十六両日、江坂は改めて〝壺〟の出土地を調査することができた。江坂の再調査は、行政院文物保管委員会研究部の滝庸・谷田閲次、東京帝国大学人類学教室の和島誠一などの同道をえて実施され、付近から〝壺〟と同様の土器片が採集されたのである。

その結果について、江坂はただちに一文を執筆して東京の人類学会の機関誌『人類学雑誌』に送った。「秣陵関出土の古代土器」と題する報告は、十二月二十八日に稿了と記されている。そして昭和十九年三月刊の『人類学雑誌』第五九巻第三号に掲載された。

江蘇省江寧県秣陵関郊外小山窰《シャウサンヤオ》より発見された一つの〝壺〟は、口径一二・五センチ、高さ一四センチ、底径一六・五センチの「黒灰色」土器であった。また、付近で採集された土器片も同じく印紋土器であり、秣陵関の西南方、小山窰遺跡の発見が学界に報告されたのである。

報告の末尾には「種々御援助を賜つた現地軍当局、ことに山下参謀長・坂田大尉殿に衷心謝意を表する」と記され、江南（南京）鵄六一司令部における軍務中に執筆されたことを物語っている。

江坂輝彌の「戦線に見る考古学」

このころ、江坂は「戦線に見る考古学」と題するエッセイを江南の地で書いた。この文は昭和十九年六月刊の『古美術』第一四巻第六号（通巻一六一号）に掲載された。A5判二ページの短文であるが、戦場に身をおきながらも考古学の研究に思いを馳せる江坂の面目躍如の文章である。「大東亜戦争下に於ける皇軍の駐屯するところは大東亜共栄圏内の殆どの地域であり、これらの地域の大部分は学問的に未知の地域」と書きだし、「われわれ戦線にゐる考古学徒は、現在戦線に於て軍務を一日もゆるがせに出来ぬと同様、寸暇も油断なく資料の蒐集に努力し、大東亜戦下に於ける我が民族政策の一助としての任務を果さんことを希望してゐる。（江南に於て）」と結んでいるこの文章を読むとき、戦場における考古学研究者の思いが伝わってくる。もちろん、このような感懐は江坂が懐いたものであるが、かかる日頃の思惟が小山窰遺跡の発見をなさしめたものであることは言うまでもない。江坂は「共栄圏内各地の都市には大小種々の博物館が存在する。これらの博物館が所蔵するその地域の考古学的遺物は、嘗ては欧米の学者により一応は整理報告されてゐるものもある」、しかし「東亜に住み東亜の古代文化を研究してゐるわれわれの眼で観察したなら、欧米の学者の気づかぬ多くの研究面を発見できる」と指摘する。それは、かつて、松本信広を中心とする慶応義塾の調査隊が、江南地域を踏査し、それ相応の結果をえたことに触発された発言でもあったと言えよう。

佐野大和の出征心境

読みさしの本《ふみ》にしをりを挟め征かむ　学ぶ身吾れにお召しのあらば
佐野大和

右は、平成六年（一九九四）四月二十八日付、佐野が筆者宛来信のなかで、そのころの心境を詠んだもの、とメモして下さった短歌である。

当時（昭和十八年）、佐野は、卒業論文を完成し、「横浜市青ヶ台の石器時代遺跡」をまとめ『古代文化』に投稿中であった。その稿は、同年の七月号（第一四巻第七号）に掲載された。「編集後記」に次のごとき文言が記されている。

佐野君は本稿を草し、卒業論文を物し今は悠々入営の日を待つてゐられる。本稿の草稿を拝見した時、その真摯な研究に深く感心した編者は、切にその公刊を奨めた次第である。

〈「台湾」の考古学〉

台北帝国大学と考古学

明治二十八年（一八九五）四月十七日、日清講和条約の締結によって「割譲」された「台湾」は、以降、日本の「植民地」としての道を歩んだ。

その「台湾」の考古学的調査は、一八九〇年代の後半に早くも着手された（「台湾」の考古学研究史については、金関丈夫・國分直一「台湾考古学研究簡史」『台湾文化』第六巻第一号、昭和二十五年、のち『台湾考古誌』〈昭和四十七年十月、法政大学出版局〉に収録）。明治三十年（一八九七）に発見された円山貝塚は、鳥居龍蔵によって学界に報告され、＊「台湾」考古学の先駆けとなった。円山貝塚の発見は、伊能嘉矩・宮村栄一によってなされたものであったが、それ以前すでに「台湾」の石器についての関心はもたれていた。また田中正太郎・森丑之助などの地道な調査がつづけられていた。円山貝塚の調査に意欲をもやした鳥居は、その後も「台湾」先史文化についての関心を示したものの、その展開を果たすことなく止んだ。

＊　「鳥居龍蔵氏よりの通信、坪井正五郎氏へ」（『東京人類学会雑誌』第一四一号、明治三十年）、鳥居龍蔵「台湾に於ける有史以前の遺跡」（『地学雑誌』第九巻第一〇七号、明治三十年）。前掲文に「円山に行き貝塚を発掘致し候」「貝塚の有る附近は二、三日以前土匪起れり。小生は腰にピストル

を帯びて旅行致し居り候。日本人にしてピストルを携へて貝塚を見、土石器拾ふと云ふは、これが始めてなるべし」と記されている。また、後年「台湾台北円山貝塚」（『人類学雑誌』第二七巻第一号、明治四十四年）と題して貝塚発掘状況の写真二葉を公にした。これらについては『鳥居龍蔵全集』第一一巻（昭和五十一年六月、朝日新聞社）に所収。

昭和三年（一九二八）の春、台北帝国大学が開設され、文政学部に土俗人種学研究室が設置されて移川《うつりかわ》子之蔵（教授）・宮本延人（助手）が着任した。その台北帝国大学の工事に伴う土取工事現場で磨製石器が出土し、早速に大学に届けられ、同研究室の標本第一号となったという（宮本延人『台湾の原住民族――回想・私の民族学調査――』昭和六十年九月、六興出版）。

台北帝国大学に土俗学人種学研究室が設置されたことにより、「台湾」の考古学的調査の拠点となっていった。昭和五年（一九三〇）に行われた墾丁の石棺遺跡の発見と発掘は、「台湾」における考古学的発掘調査の嚆矢として重要である。その後も研究室を主体とする発掘があいついで実施され、また遺跡の発見も東海岸、西海岸の平野地方に及んでいった。一方、関係の論文・報告の発表もしだいに数を重ね、とくに石錘形式の検討より「台湾」の文化は、東と西では相異することを説いた宮本延人の研究は注目をひいた。

台北帝国大学の開設に伴う研究室の設置は、「台湾」の考古学に画期をもたらした、とする見解から、それ以前を第一期と考えた金関・國分は、昭和十四年（一九三九）一月の時点より第三期に入った、と区分した。

台湾先史土器の編年

すなわち昭和十四年一月、台北帝国大学に所属する移川・金関・宮本・國分らは、二層行渓南岸の大湖貝塚の発掘調査を実施するとともに「台湾」西部平野を踏査し、あいついで注目すべき遺跡を発見していったからである。とくに、この第三期において黒陶が発見されたことは重要であった。さらに、彩陶が発見された。それは大陸北方系の彩陶に系譜が求められるものであり、学界の関心を集めることになったのである。

昭和十八年九月、第八航空師団に配属された坪井清足が台湾に赴任した。そして、台北帝国大学に金関を訪ねる。ついで屏東に転じた坪井は、金子寿衛男と邂逅し、南部の諸遺跡の知見を聞いた。金子の称する中坑門の遺跡——実は鳳鼻頭の遺跡に臨んだ坪井は、上層に黒陶、下層に彩陶が包含されていることを確認した。黒陶と彩陶を層位的に見いだしたことは、台湾先史土器の編年に確実な資料を提供することになったのである。*

＊　この事実は、のちに第四回極東先史学会議で報告され（田中琢・佐原眞「坪井清足さんと古稀」

『論苑考古学』平成五年四月、天山舎)、「台湾高雄州鳳鼻頭および潭頭の遺跡・遺物」(『埋蔵文化財と考古学』昭和六十一年六月、平凡社)と題する日本文の論文として公にした。そして「鳳鼻頭のE地点の示すところから彩陶は紅陶のある時期に存した精製土器であり黒陶より古い」ものである、との意見を表明した。

このような趨勢のなか、宮本は「台湾先史時代概説」(『人類学先史学講座』一〇、昭和十四年)を執筆し、一方、金関と國分は、大陸文化との関連について意欲的な論文をあいついで発表していった(これらの諸論文については、金関丈夫・國分直一『台湾考古誌』〈昭和五十四年〉に詳しい)。

昭和二十年(一九四五)以降、日本人の学者は「留用」され台湾に止まった。その台湾大学医学院の金関丈夫、台湾大学文学院の宮本延人・國分直一は、昭和二十四年八月に帰国した。

「台湾」考古学の第三期に際会し、金関丈夫の指導のもとに多くの遺跡を発掘調査する一方、重要な知見を公にした國分直一は、後年、次のように述懐している。

私が台湾の学界に酬いたささやかな貢献があるとすれば、大学の考古＝民族学の資料館の被爆による爆砕物の中から、先史学・民族学の資料をとり出して整理し、解説を書いたことの他に、週一回の講義と、日本時代の研究成果を報文にまとめて残したことであろう（國分直一「『國分先生行状絵巻』時代回顧」『台湾考古誌』）。

南へ――「南洋」とその周辺

〈「南洋」考古学の展開〉

南洋地域の調査

かつて「南洋」と呼ばれていたミクロネシア地域における日本人の考古学的調査は、昭和四年（一九二九）の夏、長谷部言人《ことんど》・八幡一郎によって実施されたのが最初である。

この地域は、大正八年（一九一九）以来、日本の「委任統治」であり、それ以前の政治的状況と比較して雲泥の差があった。ヴェルサイユ講和会議によって委任統治の受任国となった日本は、積極的な経済活動を軸に、まさに「領土」としての「南洋」の経略的視点を展開していった。それは、政治・経済・軍事をはじめ万般の分野にわたるものであったが、そのなかに自然・人文両分野にわたる学術的調査が組みこまれていたのである。「南洋」地域の調査は、すでに西欧の学者によって実施されてきていたが、それはミクロネシア地域を経略的に捉える方策の一つであったことは言うまでもなかった。

長谷部などの「南洋群島人類学調査」もかかる気運のなかで実施された（長谷部言人『過去の我南洋』付八幡一郎「南洋に於ける著名遺跡の紹介」昭和七年六月、岡書院）。そして、長谷部は説いた。「最近十五年の間に起つた島民生活状態の大変化により旧来の物件は漸く減少し、これと共に遠き過去の文化を攻究するに重要な資料たる諸遺跡も破壊消滅に瀕し、今にしてこれが対策を講ぜざれば悔ひて及ばざる時の来るは必然である」と。かかる状況にある「南洋」の「遺跡の如何に尊重すべきかを紹介」するために八幡の同道踏査を求めたのであった。

八幡はその期待に応え「南洋に於ける著名遺跡の概況」をまとめたのである。「我南洋の島々には各所に往時の文化の遺跡がある。之等は現住島民の由来を探知するのに重要な手懸りとなる」という視角のもとに「主要遺跡」について紹介した。その「主要遺跡」は、クサイ島のレロ、ポナペ島のナンマタル、パラオ島のアルコロン、マリアナ諸島・テニアン島のソンソン、サイパン島のアステオなどであった。

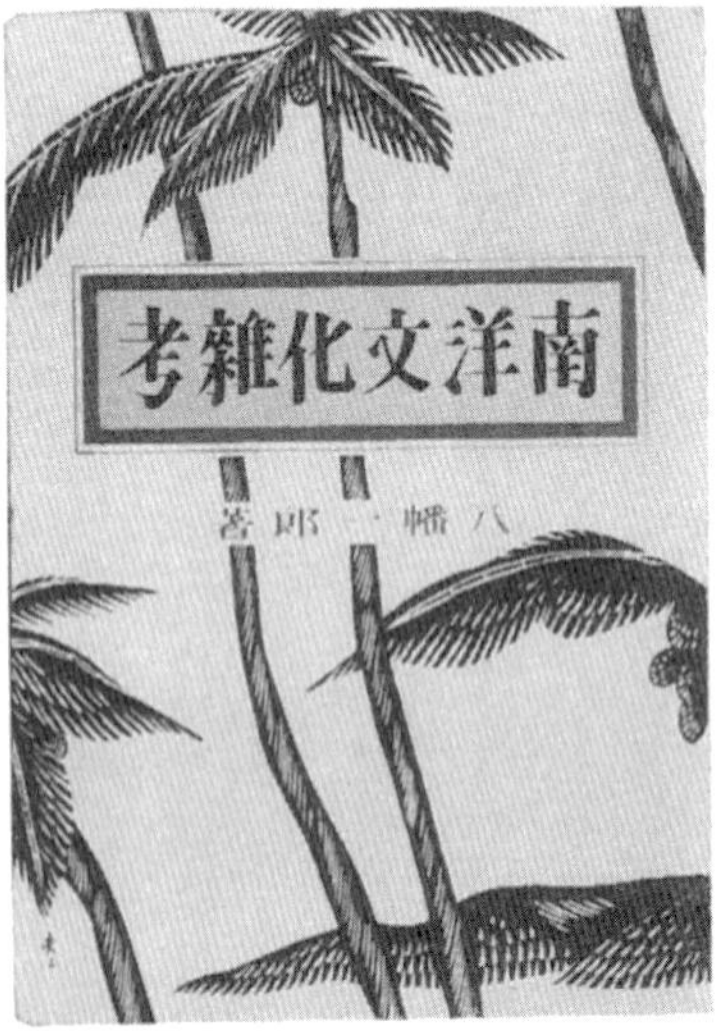

上　長谷部言人著『過去の我南洋』(昭和７年)
下　八幡一郎著『南洋文化雑考』(昭和18年)

八幡は、その後、二回にわたって「南洋」の調査を行った。昭和十二年（一九三七）の夏と昭和十五年一〜三月の「南洋」行である。この三次にわたる八幡の「南洋」調査の結果については多くの報告・紀行に発表されている（八幡一郎『南洋文化雑考』〈昭和十八年十二月、青年書房〉および「環太平洋考古学」〈『八幡一郎著作集』五、昭和五十五年五月、雄山閣出版〉）。

昭和十二年の夏（八月十二〜二十九日）の調査は「南の会」の調査旅行団として実行されたもので、南方研究者のグループによる「洋」行であった。参加者は、松本信広・杉浦健一・中野朝明と八幡であった。八幡は、主としてマリアナ諸島のサイパン・テニアン・ロタ島の石柱列遺跡と洞窟・貝塚の調査を主とし、パラオ島の洞窟遺跡の踏査を行った（八幡一郎「南洋群島の調査」『考古学雑誌』第二七巻第一〇号、昭和十二年十月。のち『環太平洋考古学』に収録）。

八幡にとって第三次調査にあたる昭和十五年の調査（一月二日〜三月十二日）は、日本学術振興会の補助によるもので、マリアナ北部諸島が対象であった（八幡一郎「マリアナ北部諸島の遺跡遺物」『人類学雑誌』第五五巻第六号、昭和十五年六月、のち『南洋文化雑考』『環太平洋考古学』に収録）。アラマガン・パガン・アグリハン・アスンシオン諸島の調査を試み、石柱遺構のあり方、洞窟利用の実態、各種遺物（土器・石器・貝器など）の採集を意欲的に行ったのであった。

八幡一郎の立脚点

このように八幡が三次にわたって「南洋」の考古学的・先史学的調査を志向した立脚点は、「南洋」の古代文化史の研究は「地理的関係から見るも、歴史的因縁から考へても、日本学者によつて大成さるべきである」（八幡一郎「南洋の古文化」『アジア問題講座』一〇、昭和十四年、のち『南洋文化雑考』『環太平洋考古学』に収録）との固い信念に起因していたからであった。それは一方において「植民地の官吏に、人類学、民族学の概念を与へる機会を作り、又夫々《それぞれ》の植民地が常住の専門学者を聘して、対原住民の施政に諮問せしむる」（八幡一郎「南方経営と人類学」『日本及日本人』第三三〇号、昭和十年、のち『南洋文化雑考』『環太平洋考古学』に収録）ことを主張したこととも通じるものがあったのである。

「南洋」の考古学的調査は、民族学のそれと比較してさして実効が挙がらなかった。挙がらなかったというのは、組織的な発掘調査の実施が困難であったことによる。しかし、小規模な発掘調査、石柱遺構の巨視的調査、各種遺物の採集と研究など、それぞれの分野の研究に一石を投じたものも決して少なくなかった。このような八幡の積年にわたる調査の集積は、禰津正志の『太平洋の古代文明』（昭和二十年四月、河出書房）の著述と対照的であったと言えよう。

八幡の『南洋文化雑考』と禰津の『太平洋の古代文明』、この二著作は、前者が論文集であるのに対して、後者は総説であった。「総てがこれから」である「南洋」の研究は、八幡（前掲「南洋の古文化」）にとって「一局地の一時代の一種」を逐一的に報告し論述することが信条であった。南方の民族と文化を研究することを目的として昭和十八年一月十八日に発足した民族学研究所（高田保馬所長）に所属し、兼ねて東京帝国大学講師をつとめていた八幡。一方、病床にあって内外の著作を繙読して大冊の著述を意図し、それを実行した禰津。この二人の研究者は「学問的関心は常に南に向かった」（八幡、前掲「南洋の古文化」）人と、「大東亜建設事業の一翼として南方研究の現状を顧みた」（禰津『太平洋の古代文明』「はしがき」）人であった。

〈一歴史学者の考古学と現代史〉

考古学者禰津正志

昭和九年（一九三四）、禰津正志は「原始日本の経済と社会」（『歴史学研究』第四巻第五・六号）を書いた。この論文は、日本考古学界の状況を直視し問題点を鋭く喝破したものであった。

「現在の考古学は特殊遺物の年代考定、様式、製作技術・装飾の研究、或いは美術的鑑賞〔珍物主義〕〔文化〕などにのみ重点を置いて、遺物遺跡が示す当該時代の生産力並びに生産関係、従つて社会組織の考察を全くないがしろにしてゐる」が、「遺物遺跡は不完全ながらも、必ずやその時代の生産諸関係及び社会組織を示すに相違ない」と述べ、このような考古学本来の「正統的な任務を忘れた考古学」の「行き詰」りを指摘するとともに、さらに「外見的に華やかな植民地・半植民地の発掘探検に力を注ぎ始めた」意味を考える必要性を提起したのである。*

＊　この禰津の指摘については、和島誠一が真正面からとりあげたことがある（「発達の諸段階」『日本考古学講座』二、昭和三十年）。

このころ、禰津は京都帝国大学大学院に在籍しており、浜田耕作が指導教授であった。浜田の指導、末永雅雄が発掘主任となって実施された奈良県島ノ庄の石舞台の調査（浜田耕作『大和島庄石舞台の巨石古墳』「京都帝国大学文学部考古学研究報告」一四、昭和十二年）には、末永を助け（末永雅雄「石舞台を掘る」『考古学』第六巻第六号、昭和十年。同「石舞台古墳の調査」『大和志』第二巻第八号、昭和十年）、発掘の中心として活躍した（禰津正志

「石舞台を掘る」『ドルメン』第三巻第一・三号、昭和九年。同「再び石舞台を掘る」『ドルメン』第四巻第七・八号、昭和十年。同「石舞台古墳の発掘を語る」『歴史教育』第一〇巻第五・六号、昭和十年）。昭和八年とあくる年の二回にわたった石舞台古墳の発掘は、考古学界はもちろんのこと「全関西の人気を背負つて行はれた」のであるが、禰津はそのつど、発掘の進行を中心とした詳細な日誌を公にした。昭和九年五月四日には「従来の学者の中には高価な遺物のみに憧れて」いることについてふれ、八日には「旧式考古学者の高価遺物尊重主義、骨董主義、石室尊重主義」の「打破」を掲げ、十一日には「既存の孤立した遺物や名所案内式に遺跡の記述を試み、以て能事了れりとする人は考古学者と云ふことが出来ぬ」など、日頃の鬱憤を率直に披瀝する文章を残した。

禰津の転機　浜田の指導のもと、ひたすら考古学の研究に励んでいた禰津に大きな転機がおとずれる。それは昭和十年に「唯物論全書」の一冊として『考古学』の執筆を慫慂されたことに端を発した。すでに公にした論文（「原始日本の経済と社会」前掲）の方法によってそれを書くことを承諾した結果「唯物論全書」の第二次刊行予定として禰津正志著『考古学』が発表された。

指導教授であった浜田は「非常に怒つて、博士（浜田）の許可なく執筆を承諾したことを責めた。このため私（禰津）としてはやむなく、執筆を中止」（ねずまさし『原始社会――考古学的研究――』「はじめに」）したのである。この中止した一書は、その後、昭和二十四年三月に『原始社会――考古学的研究――』（学芸全書一〇、三笠書房）として上梓された。

『原始社会』は、その序章を「原始社会の研究は考古学からはじめなければならない」と題し、文献的方法・民俗学的方法を排し、考古学的方法によるべきことが主張されている。「考古学は、人類の文明における進歩を遺物遺跡によって研究する学問である」と考えるねずにとって、G・チャイルドの存在は偉大であった。チャイルドの方法はイギリス流の「進化論」と理解し、ねずは唯物史観と宣言する。したがって、ねずの『原始社会』は唯物史観の立場によって執筆されたものといえるのである。

浜田の震駭にあった禰津は、チャイルドに沈潜する。そして、"New Light on the Most Ancient East" 1934（邦訳『アジアの古代文明』昭和十九年、伊藤書店）および "Man makes himself" 1936（邦訳『文明の起源』上・下、昭和二十六年六・七月、岩波新書。改訂版は昭和三十二年、岩波新書）、"History" 1947（邦訳『歴史学入門』昭和二十九年十二月、新評論社）の翻訳を果たすことになる。

「唯物論全書」に執筆することを断念した禰津は「当時の学界には言論の自由も学問の

自由もなかった」（前掲『原始社会――考古学的研究――』）と述懐しているが、昭和十四年の秋に入って『印度支那の原始文明』の執筆が計画された。

その前年の七月、浜田は京都帝国大学の総長のままですでに世を去っていた。

『印度支那の原始文明』と『太平洋の古代文明』

『印度支那の原始文明』は、昭和十八年の三月に河出書房から刊行された。Ａ５判、四五〇ページを超えるこの大著は「仏領印度支那」におけるフランスの考古学者による四〇余年の調査結果にもとづいてまとめられたものであった。

執筆の動機と目的については「はしがき」に委曲がつくされている。「昭和十六年十二月八日、米英蘭の数百年にわたる支配と搾取から東アジアを解放し、アジア人による新しきアジア建設のための大東亜戦争が開始されて以来」と書きはじまる本書は、「考古学者・人類学者・民族学者の知識が突如として国策に必要となつて来た」という認識のもとに「印度支那に於ける先史時代の原始文明を簡単且つ正確にまとめたもの」であったという。

この『印度支那の原始文明』は、禰津が計画した「東南アジア及び太平洋の人類学的・考古学的研究」の第一部であった。昭和二十年四月、第二部の『太平洋の古代文明』が河出書房から刊行された。それは未刊に終った第三部『印度文明の黎明』と合して「大冊」となる予定であった。

『太平洋の古代文明』は、A5判、六四二ページを有し、「太平洋古代文明の世界的地位」を序章に、以降「南支那、ビルマ、タイ国、マライ半島、ジャワ、スマトラ、セレベス、ボルネオ、フィリッピン、台湾、南洋諸島、濠亜地中海、ニューギニア、濠洲、南太平洋、イースター島、ハワイ」にわたって、それぞれの地における考古学的な所見をまとめたものであった。「西南太平洋」における既知の遺跡が紹介され、遺物の概要も広く知られることになった。

太平洋・インド地域の考古学書

このような太平洋の各地域を扱った出版が一九三〇年代から四〇年代の前半にかけて盛んであったことは、翻訳書の出版、日本の研究者による著作活動によって知ることができる。たとえば、日本人研究者の著作として松本信広『印度支那の民族と文化』(昭和十七年一月、岩波書店)をはじめ、八幡一郎『南洋文化雑考』(前出)などがあり、翻訳書としてチャーチワード『南洋諸島の古代文化』(仲木貞一訳、昭和十七年十月、岡倉書房)、ファン・デル・ホープ『インドネシアの原始文化』(野原達夫訳、昭和十八年八月、国際日本協会)などが、あいついで刊行され

左　禰津正志著『印度支那の原始文明』（昭和18年）と『太平洋の古代文明』（昭和20年）

下　ジャワ島ボロブドールの「地下旧基壇発掘の状況」（千原大五郎『仏跡ボロブドール』昭和44年）

た。

禰津の『印度文明の黎明』はついに刊行されなかったが、インドにおける古代文明を扱った翻訳書の出版も盛んであった。

レナード・ウーリィ『考古学より観たるアジア』もその一冊である。「世界歴史選書」の一つとして昭和十七年十一月に白揚社から刊行されたこの書は、ウーリィの二つの著作（『過去を掘る』と『カルデア人のウル』）を合冊したもので赤木俊の翻訳によるものであった。また、アーネスト・マッケー『インダス文明――印度史前遺跡の研究――』（竜山章真訳、晃文社）とパンチャナン・ミトラ『歴史以前の印度――世界の諸文化における其の位置――』（吉田富夫訳、葦芽書房）があいついで昭和十八年の四月と六月に出版された。

このように「西南太平洋」そしてインドについての考古学関係書の出版が昭和十七年から十八年にかけて続出したことは注目されるであろう。「大東亜」建設の呼び声のもとに東南アジアから太平洋の広範な地域にわたる考古学の知見が求められたが、日本の考古学者による研究はまだその準備がなかった。そのなかにあって敢然としてそれにあたったのが禰津であったといえよう。

禰津の未完成の三部作構想は、外国人学者の著作によって「大東亜」地域、とくに西南太平洋の考古学的知見を得るしか方法がなかった当時において異彩を放ったのである。

昭和二十年、太平洋戦争は終結した。それは同時に「大東亜」構想の終焉でもあった。

現代史への没頭

禰津は、しばらくの間、唯物史観による原始社会の考古学的研究に沈潜し、かつて浜田の意をうけて中止した『考古学』の執筆を進めた。昭和二十二年十月に脱稿した原稿は、その二年後、『原始社会』(前掲)として刊行されたのである。この年、『日本全史』(暁明社)、『新しい日本歴史』(民主評論社)をあいついで上梓した禰津は、昭和二十八年になって『偽らぬ日本史』(中央公論社)を編集し、『天皇家の歴史』『続天皇家の歴史』(新評論社)を公にした。新しい視点からの『昭和史』(遠山茂樹・今井清一・藤原彰、昭和三十年初版、昭和三十四年新版)が話題を集めるや、『批判日本現代史』(日本評論社、のち『「現代史」への疑問』と改題して昭和四十九年十一月に三一書房から刊行された)を執筆し、「歴史学は主観の学問ではない、文学でも創作でもない、事実にもとづいた科学である」「史実をねじまげたり、無視して、特定の政治的立場に好都合な結論をだしては困る」と力説した。

そして「それまでの一切の分野における労力をすてて、現代史に没頭」していくことになったのである（『日本現代史』全七巻〈三一書房〉はその集大成的研究である）。

〈ボロブドールの発掘〉

ジャワ島の仏教遺跡

日本の軍政下にあったジャワ島で、昭和十八年の秋、仏教遺跡の発掘が行われた。

中部ジャワ・ケドウ州の司政官（文教および宗務担当）としてマゲラン州庁にいた古沢安二郎は、古老からかつてオランダの施政のころ、ボロブドールの基部を発掘しそして埋め戻した工事にあたっていたことを耳にした。その情報にもとづいてボロブドールの東南隅を発掘することを計画した古沢は、蘭印政府の考古局で関係資料を調査し、埋もれた基壇の存在を確認した。ちょうどその時、ボロブドールの写真撮影に来島していた小川晴暘《せいよう》の協力をえて旧基壇の発掘を試みたのである。そして新・旧基壇の接合部の状態と旧基壇の浮彫りを見事に検出することができた。検出された浮彫りは、因果応報地獄篇の第一六と一七の二面であることが明らかにされた。

軍部と遺跡

現在も古沢の発掘部分は、調査時のままの状態で観察されるようになっている。

いま多くの日本人が訪れるボロブドール。その東南隅には、新・旧二つの基壇がそのまま見学できるようになっている。その観察を可能にしたのは、昭和十七年三月から三ヵ年にわたって軍政を布いていたころ、一司政官として現地にあった日本人であることを知る人は少ない。

また、中部ジャワ、ブランバナンのヒンドゥー寺院ロロ・ジョングランの修復工事を日本の陸軍部隊が試みたことがある。それは昭和十七年三月のことであった。蘭印政府の考古局が着手していた修復工事を継続しようと意図したのである。* その目的は遺産の保存工事を通じて民心をつかみ、あわせて戦死者の慰霊のためであった、と伝えられている。

* ボロブドールの発掘とロロ・ジョングランの修復工事が日本の軍政下に行われたことを紹介したのは、千原大五郎である。千原の『仏跡ボロブドール—ヒンズー・ジャワの建築芸術—』（昭和四十四年三月、原書房）によって明らかにされた次第は、太平洋戦争中における一つのエピソードとしても語り伝えられるであろう。

北へ——樺太

「南樺太」と木村信六・新岡武彦

明治八年(一八七五)五月にロシアとの間に千島・樺太交換条約が調印され、樺太の南半はロシア領となったが、明治三十八年九月の日露講和条約によって「南樺太」は日本領となった。

領有の後、日本の研究者は、ただちに「南樺太」に赴き各分野の調査を行うようになっていったが、考古学的調査*もその例外ではなかった。明治三十九年には、飯島魁、下斗米秀二郎の踏査、あくる年の坪井正五郎・石田収蔵の鈴谷貝塚の発掘は、その端緒を告げるものであった。

* 「南樺太」の考古学史については、新岡武彦「樺太考古学研究史」(『利礼郷土研究』第七号、昭

和二十六年。のちに新岡・宇田川洋『サハリン南部の考古資料』〈平成四年〉に収録）にまとめられている。

ついで、大正元年（一九一二）に「南樺太」を踏査した鳥居龍蔵は、大正十年には「北樺太」にまで調査（鳥居龍蔵『黒竜江と北樺太』昭和十八年）の範囲を拡げていった。また清野謙次は、大正十三年七月に鈴谷貝塚の発掘を実施し、多数の人骨を得た（清野謙次『日本原人之研究』大正十四年四月、岡書院）。このような「中央」の研究者の渡航調査に対して、昭和に入って「南樺太」在住研究者による調査も行われた。

なかでも木村信六*は、昭和八年（一九三三）に「木村郷土研究所」を創設して活発な調査をつづけ『木村郷土研究所報』を刊行してその成果を公にすることにつとめた。樺太庁巡査であった木村は、豊原・敷香・落合・安別・本斗の各地を転任し、それぞれの地において遺跡の調査、遺物の採集を行った。とくに本斗においては、大坊善章とともに調査に力を注ぎ、本斗内幌鉄道工事（昭和五年）に際して発見された遺跡群に着目し、多くの資料を採取したのである。木村資料一万点は、死後、樺太庁博物館に寄贈され、それはいまもサハリン州郷土博物館に健在である。木村は現在「樺太考古学の父」と言われている。

＊　木村信六の業績は『千島・樺太の文化誌』（昭和五十九年十月、北海道出版文化センター）にま

とめられている。同書は、木村のほか和田文治郎・杯欽吾の業績を新岡武彦が編集したものである。

一方、樺太庁博物館の事業を後援することを目的として樺太郷土会が昭和三年に設立され、考古学関係の資料も収集された。同館の菅原繁蔵（植物学）、高橋多蔵（動物学）もそれぞれの専門領域の調査の際、考古学方面の調査も実施した。江ノ浦貝塚の発見と調査は有名である。

木村とともに本務の傍ら、考古学的調査を行ったのは、新岡武彦である。*新岡の足跡は「南樺太」の全域におよび昭和十七年には北千島に渡島して調査し、以降、千島各島の調査にも尽力するところがあった。

* 新岡武彦の業績は、『樺太・北海道の古文化』一・二（昭和五十二年十二月、北海道出版企画センター）、宇田川洋との共著『サハリン南部の遺跡』（平成二年十月、北海道出版文化センター）、『サハリン南部の考古資料』（平成四年十二月、北海道出版文化センター）にまとめられている。

新岡の「南樺太」調査は、一九三〇年代に集中している。その新岡の『遺跡調査野帳』によれば、昭和七年から昭和十五年にかけて各地域を調査したことがわかる。その資料は「新岡コレクション」として稚内市の北方記念館に収められている。

専門家による調査

昭和に入って「南樺太」の調査を行った考古学の専門家の一人として伊東信雄（「樺太石器時代概観」〈『ドルメン』第四巻第六号、昭和十六年〉など）がいる。

伊東は、樺太庁の依嘱をうけて、昭和八年とあくる年の二年間にわたって全島を調査し、その資料をもとに論文を執筆した。「樺太先史時代土器編年試論」（『喜田博士追悼記念国史論集』昭和十六年）は、その代表的な業績として知られている。

また、北千島の考古学的調査を開拓した馬場脩は、昭和十年に「南樺太」の遺跡を訪れ、その後も日本民族学会の北方文化調査団の一員として東多米加、西多米加両貝塚を発掘した。この調査には、岡正雄・甲野勇も参画した。

そのほか「南樺太」に赴き、同地の遺跡を発掘した研究者として、河野広道・稲生典太郎・杉原荘介・久保常晴などがいる（稲生典太郎「樺太栄浜町歓喜寺裏遺跡の石斧」『先史考古学』第一巻第三号、昭和十二年。杉原荘介「樺太西海岸——本庄町附近の遺跡を訪ねて——」『ドルメン』第二巻第一二号、昭和八年。久保常晴「江ノ浦貝塚贅言」『銅鐸』第二号、昭和七年など）。

なお、樺太庁博物館（伊東信雄「樺太博物館の土俗・考古」『ドルメン』第四巻第三号、昭和十年）には考古室が置かれていたことを看過することはできないであろう。

波濤の果ての考古学――ブラジル移民と考古学

ブラジル移民

万里の波濤《はとう》を越えて、南アメリカ・ブラジルの地に農業を主とする日本移民が入植したのは明治四十一年（一九〇八）のことであった。*

＊ ブラジル史については、山田睦男編『概説ブラジル史』（有斐閣選書、昭和六十一年三月）。

当時のブラジルは、一八八九年（明治二十二）に六八年間にわたって存在していたブラジル帝国がクーデタによって打倒され、連邦共和制となって一八九一年二月二十四日に新憲法が公布された直後であった。この共和制下、外交政策が活発化する一方、コーヒー・ゴムの輸出によってブラジル経済は豊かになっていった。コーヒー栽培は、リオデジャネイロ州が中心であったが、土地不足などの要因が重なり生産が減少化の傾向にあり、それを打開するため隣接の諸地域に開拓の鍬が向けられていくことになった。すでに帝政の末期に造成されたサンパウロ州におけるコーヒー農園の増大は、かつてのコーヒー農園の中心であったリオデジャネイロ州の生産を圧倒していったのである。

サンパウロ州における新たなコーヒー園の設立には、奴隷労働者の全廃と重なったため、労働者が極度に不足するといった事態を生みだした。そのため、大規模な移民の導入策がとられるにいたった。州の人口は、一八七二年には八三万七〇〇〇人であったが、一九〇〇年には二二八万三〇〇〇人、一九一四年ごろには約四〇〇万人にも達したという。このような背景のもとに日本よりの移民が促進されたのである。

一九〇八年（明治四十一）から二一年（大正十）にかけての日本移民はコロノ移民であった。コロノ移民とは「所定の契約に従って雇用主のもとで、一定期間、コーヒー農園で賃金労働に従事する」ものであり、渡航費は、サンパウロ州政府の「補助」が受けられた。しかし、その「労働条件が苛酷であった」ため定住するものは少なかった。そこで政府は日本移民に対する渡航補助制度を廃止したが、一九二五年に入ると日本政府によって渡航補助制度が行われるようになった。「海外興業株式会社」を通じての補助であったが、日本政府は、その後も補助金制度をつづけ、一九三二年（昭和七）になると自己資金を必要としない移住が可能となっていった。その結果、一九三三年には二万四〇〇〇余人がブラジルに入国し、ブラジル入国の移民数は第一位となった。そこであくる年、ブラジル政府は新憲法のもと日本移民の入国を制限したため、一九三五年以降、日本移民は減少することになっていった。

鳥居龍蔵の指導

そのころ——一九三六年三月十一日、サンパウロの日本総領事官の官邸において「ブラジル・インディオ文化研究同好会」が発足した。

サンパウロ州の全域に在住している日本移民は、コーヒー農園などの開拓に従事していたため「石斧、土器等が在留邦人の鍬先に引掛つたことは、従来も屢々《しばしば》あつたが、殆んど散逸するもの」が多かった。そこで「先づ以て一個処に集結して、専門家の研究に資せんとすること」を「第一の眼目」として、同好会が結成されたのである（市毛孝三「ブラジル・インディオ文化研究同好会報告に就て」『ブラジル、サンパウロ州内の考古学的調査』人類学先史学叢刊二、先史学第二冊、昭和十四年六月）。当初の会員は同好一〇名であったが、一年をへずして六〇名になったという。けだし、日本移民の新天地に寄せる愛着の程が察せられる。会の初代会長には市毛孝三が就任し、ブラジル名“Sociedade Arqeologica Brasileira de Amadores”として官報に登録された。

最初の発掘は、イグアッペ郡ジポプラ貝塚を対象として実施された。ついで、ペードロ・ザ・トレードのアレクリン貝塚の発掘が実施され、さらに、アリアンサの遺跡群の調査が行われたのである。

これら諸遺跡の発掘調査にあたっては、鳥居龍蔵の現地指導があったことが注目される。鳥居は、一九三七年四月から三八年二月にかけて外務省から文化使節としてブラジルに派遣され、*ペルー・ボリビアのインカの遺跡にも足跡を印した。

＊　鳥居龍蔵「ブラジルの人類学」（『科学』第八巻第七号、昭和十三年）などがあるが、「ブラジル・インディオ文化研究同好会」については触れていない。ただ、昭和十三年三月十二日に「神戸中南米事情展」における講演「インカの文化に就て」（『鳥居龍蔵全集』一二、昭和五十一年八月、朝日新聞社）中に次のごとく述べられている。「外務省文化事業部からブラジルの方へ文化使節として行って貰いたい」とのことで出発したという。「向こうの日伯文化協会、それからあちらの各政府当路の人々、それから日本の沢田大使、その他書記官とかいろいろな方々」「サンパウロの総領事市毛氏、その他日本人各位の御援助を得た」と。鳥居と「ブラジル・インディオ文化研究同好会」との具体的な交流に関する鳥居側の資料は見当らない。

一九三七年五月十七日、鳥居は、サンパウロ法科大学の講堂において「日本の考古学」と題して講演を行った。その後、五月二十六日から二十九日までの三日間、ジポプラ貝塚の発掘を親しく指導した。このジポプラ貝塚の発掘は、海外興業株式会社の出資によって「ブラジル・インディオ文化研究同好会」が実施し、現地には酒井喜重が派遣された。発掘にあたっては、サンパウロ州立博物館のエフ・ランゲ・モレッテの指導もあり、二ヵ月にわたる長期の発掘であった。また、アレクリン貝塚およびアリアンサの遺跡群の調査指導をも果たしたのである。

鳥居のブラジル行きは、外務省の文化使節の肩書のもと海外興業株式会社より派遣されたが、ブラジル拓殖組合の援助もあったようである。

ブラジルの報告書

鳥居によって、ブラジルにおける日本人の考古学的調査の実際が日本の関係学会に伝えられたことは、日本移民がその地域の開拓にあたって遺跡の存在に着目し、加えて調査研究の組織をつくり、活動していることを広く喧伝することになった。*

* このような事実を学会など正式の会合で披瀝したという記録はない。ただ、「ブラジル・インディオ文化研究同好会」の活動成果を公にすることについて外務省に働きかけるなど、努力したことは明らかである。

帰国後、鳥居は「ブラジル・インディオ文化研究同好会」による発掘調査の報告書の出

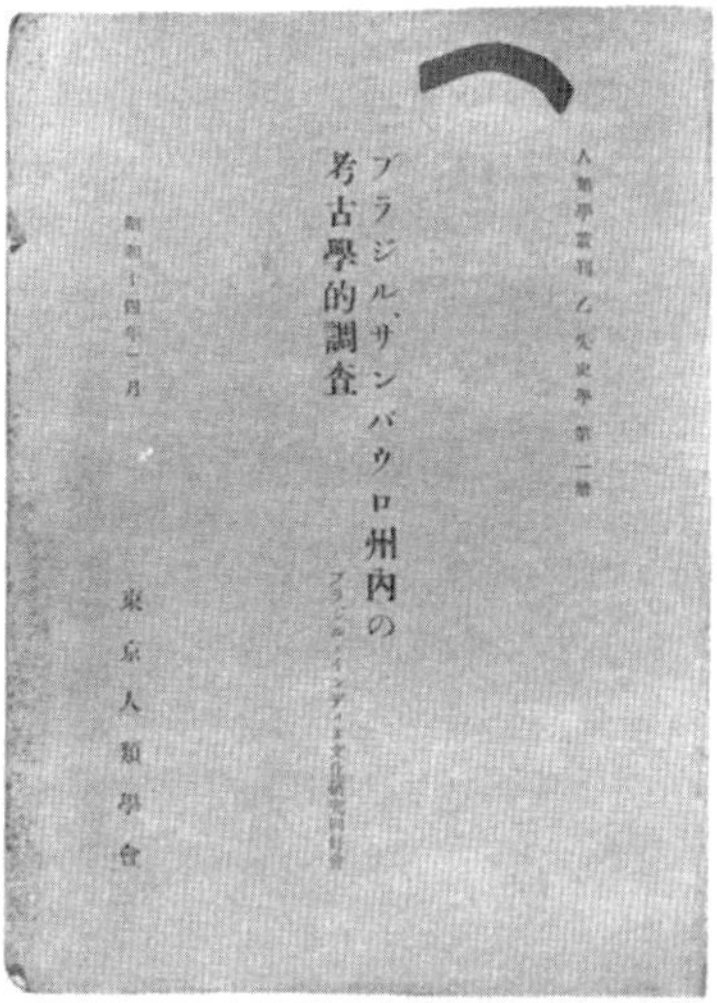

上　『ブラジル、サンパウロ州内の考古学的調査』（人類学叢刊 乙 先史学 第2冊，昭和14年）
下　ブラジル「ジプボラ貝塚の発掘」（『ブラジル、サンパウロ州内の考古学的調査』）

版に尽力した。その結果、外務省の文化事業補助を得て『ブラジル、サンパウロ州内の考古学的調査』が「人類学叢刊　乙　先史学第二冊」として東京人類学会より刊行された。昭和十四年（一九三九）二月のことである。この報告書の刊行によって「ブラジル・インディオ文化研究同好会」の存在が国内の関係者に広く知れわたったのである。

ここにおいて、ブラジルにおける日本移民が決して経済的な活動にのみ汲々としているのではなく、その地の歴史を歴史的資料を通して理解しようとする心意気があったことを示したのである。

「ブラジル・インディオ文化研究同好会」の活動は、一九四一年十二月の太平洋戦争の勃発によって頓挫する。ブラジルの参戦によって敵国資産の凍結令がでる。サンパウロの栗原自然科学研究所*に収蔵してあった発掘資料は、研究所の植物標本箱とともにひそかに保管された。活動の中心であった酒井喜重は、一九四一年八月に一時帰国していたためブラジルに帰ることはできなかった。

＊　サンパウロに神屋信一が創設した研究所。自然科学を中心に考古学の部門も設けられていた。

そして一九四五年八月に平和がもどった。酒井も早速にブラジルに戻る。かつて、鳥居を迎えて発掘した遺物、各地の日本移民によって採集された遺物、さらに発掘調査の記録ノート類も無事であった。

一九五四年九月、第一回アメリカニスタ会議がサンパウロ市で開催された。日本からは八幡一郎が参加した（八幡一郎「南米土産」『日本大学考古学通信』第三輯、昭和三十年）。八幡は、以前、鳥居の指示のもとに『ブラジル、サンパウロ州内の考古学的調査』を編集刊行した当人である。サンパウロで八幡と邂逅した酒井は、かつての報告書のこと、発掘資料のことなどを述懐し、あらためて一書を編む決意をする。酒井の報告『ブラジル・サンパウロ州考古誌』（昭和五十四年十一月、六興出版）はかくして完成したのである。太平洋戦争によって中断された「ブラジル・インディオ文化研究同好会」の成果は、酒井喜重によって立派に学界に伝えられることになった。

以上のごとく、日本の考古学が「大日本帝国」の「冀求《ききゅう》」した「東亜永遠の安定」を目指した「新秩序の建設」に迎合したことは歴史的な事実であり、それは「侵略」に荷担したもの、との評価があたえられることになった。

帝国主義の植民地支配は、その地の豊かな資源の収奪とともに文化遺産をも食指する方向にむかうのは当然であった。「大日本帝国」も、そして日本の考古学も例外ではなかったのである。

なお、政府の拓植の推進は、受入れ国の状況と相まって展開したが、ブラジルへの移民の実現にともなって、その地に考古学調査の気運が生まれたことは注目される。「大東亜共栄」の地域のほか、「外地」それもブラジルにおける日本移民によって考古学調査が行われていたことを看過することができないのである。

肇国の考古学

肇国の史蹟と考古学

『肇国の史蹟』

昭和十五年（一九四〇）二月十一日、石川銀次郎（大阪朝日新聞社員）は『肇国《ちょうこく》の史蹟』（立命館出版部）を公にした。この書に「序」を寄せた歴史学者魚澄惣五郎は、著者が「十有九年」にわたって「倦《う》まず撓《たわ》まず天皇の神聖蹟を汎《ひろ》く巡拝」して「遂に輝く二千六百年のこの年この労作を大成」したものであり「国民待望の書」との感慨を披瀝したのである。

果たせるかな、同年二月十五日に二版、三月に入って三〜五版と増刷を重ねた。

日本は今興隆し、躍進してゐる。われ〳〵は興隆日本に生れ合せた身の果報を染々《しみじみ》感ずると同時に、躍進日本の生き甲斐ある生活を営み得ることを、この日本国家を建設

右上　石川銀次郎著『肇国の史蹟』(昭和15年)
左上　後藤守一著『日本の文化 黎明篇』(昭和16年)
左　『古代文化』第12巻第４号 (昭和16年)

し給うた皇祖に感謝する念を抑《おさ》へ得ない。

という認識にたって「神武時代の伝説地を地理歴史的に記述」した本書は「終始一貫紀によつて筆を執つ」たものであった。それは「神武天皇降誕」の地の探索にはじまり「崩御」の地まで六九項にわたってそれぞれの伝説地を「巡拝」検討して意見を述べたものであった。その筆は、単なる伝説地の踏査のみでなく、たとえば「北九州巡撫《じゅんぶ》」において鹿《か》毛《け》馬《ま》神《こう》籠《ご》石《いし》（福岡県嘉穂郡）についてふれ「山城説」よりも「神代史上に現はれる磐境《いわさか》といふやうな神聖なところ」と説き、また「草香《くさか》」で日下貝塚《くさか》（大阪府中河内郡）に建てられた「日下貝塚之碑」を解説する。その碑の側面に「口碑に云ふ神武天皇東征の時皇帝苦戦せし孔舎衛《くさえ》坂は此処なり」、裏面に「昭和二年十一月三日建之」と刻していることを紹介する一方、そばに「此附近石器時代遺跡地」の碑の存在を告げる。

「神武」の史跡は「神霊の然らしむるところであらうか、それは概《おおむ》ね後世において重要地点となつてゐる」のであり「軍事、政治、経済上われら日本国の等閑視すべからざるところであ」り「天皇の神霊灼然《しゃくぜん》たることを今さらながら崇敬し、追想し奉るのである」と結んでいる。

「神武天皇」の伝説地としての「史蹟＊」を探索した本書は、九州から畿内の各所におよんだ。その結果、考古学的遺跡の存在にふれることになったが、それは「肇国の史蹟」の古さを示すものと理解されている。『日本書紀』の記述を主として「神武天皇」の東征を検討していく本書において、考古学的遺跡が登場してくるのはそれなりの意味がある。遺跡のあるところ、その土地の古さを印象づけるのにきわめて効果的であった。

＊　勝井純『神武天皇御東遷聖蹟考』（昭和十二年十二月、巧人社）が、『肇国の史蹟』に先立って刊行された。

『肇国の史蹟』は、のちに刊行される文部省の『神武天皇聖蹟調査報告』（昭和十七年三月）の先駆的な普及書としての役割を結果的にもつことになったのである。

紀元二六〇〇年以降、「山陵」の巡拝書がつぎつぎと出版されるが「神武時代」の「史蹟」を主題にした紀行文の顕著なものはついに出現しなかった。それは紀元二六〇〇年という年次にこそふさわしい出版であったからであろう。

後藤守一と『日本の文化　黎明篇』

「昭和十五年は実に皇紀二千六百年に当り、国を挙げて皇国宏謨《こうぼく》の悠遠を寿《ことほ》ぎ奉り、国民の国史に対する関心は最高潮に達するのであらう」という認識にたって「わが上古時代文化史を考古学研究の立場から」、紀元二六〇〇年祝典のラジオ特別放送「国史講座」の先陣として四回にわたって担当したのが後藤守一であった。第一回は昭和十五年一月四日に放送された。

後藤は、大正十年に東京帝室博物館に勤務し、長く鑑査官の職にあったが、昭和十五年に退官した考古学者である。当時、すでに日本を代表する考古学者として活躍していた。

放送は「日本古代文化の黎明《れいめい》」「大和文化の形成」「古墳文化の発展」「固有と外来」と題して行われた。「この放送に対し、地方聴取者から、態々《わざわざ》書信を以て、これを批判し、将来の研究に対して激励され、かつ之《これ》を印刷に附して世に公にすべきを奨《すす》められた人士の尠《すくな》くなかつたことは」後藤を感激せしめ、「所説に改討を加へ、かつ所説の各項を解説した一書を公にするところとなった。

『日本の文化　黎明篇――考古学上より見たる日本上代文化の成立――』と題する一書がそれである。昭和十六年十一月、考古学者藤森栄一の経営する葦芽《あしかび》書房から出版された。出版の広告は、次のごとき文言で紹介された（『古代文化』第一三巻第一～三号、昭和十七年一～三月）。

> 本書は日本考古学界の耆宿《きしゆく》後藤守一先生のラジオ講座テキストに先生自身厳密に校訂を施され、更に多数の脚註・図版を加へられたもので、現考古学界より見たる日本古代

文化の様相を完全に究明し之を一般人の要望に応へて平易懇切に述べられたものである。日本文化を論ずる限りの人々の、必ず本書に依り、この日本文化確立期に於ける精神的・経済的・文化的高潮の真相を把握されんことを望む。

この本の特色は、広告文が示す通り、ラジオ放送の稿本にとどまらず、詳細な脚註が付けられていることである。脚註は、本文の単なる補説を越え、当時における日本考古学界の水準が盛られており、さらに文献が挙げられ、加えて写真図版も挿入されている。

新刊紹介の筆をとった甲野勇は「石橋を叩いて渡らない後藤さん」が「長い学究生活と、莫大な資料を傾けて日本古代文化論を発表されたのだから私共大いに刮目《かつもく》せざるを得なかつた」とし、「立論にあたつての充分な資料として幾多の脚註を添へ、それは本論にも勝る量に及び、各項詳細として先生はむしろこれに力を入れてゐる如く思はれる」(「新刊紹介・後藤守一著『日本の文化　黎明篇』『古代文化』第一三巻第六号、昭和十七年六月）と感想を述べた。

紀元二六〇〇年を迎えたころ、考古学者が日本文化の「黎明」をどのように捉えていたか、きわめて注目さるべきことであるが、まさにそれに応えたのが後藤のラジオ放送、そして『日本の文化　黎明篇』であったといえよう。詳細な脚註はたしかに学問的に有用であり、考古学研究者にとって当時の学界の水準と問題点が整理されたことは福音であった。しかしながら、「吾々は、弥生式文化祖原の地を求めるには、朝鮮なり満洲なりを、更に一段と精査すると共に、山東半島から東支那海沿岸地方一帯の地域の調査の結果を俟《ま》たねばなりません。わが古代人の生活は、海に親しみが深い、そして北の色があると共に、根柢に南の香がするといふ事実を常に頭の裡に納めておき、それの解決に進むべきでありますす」（二六ページ）と主張していることは注目すべき発言であったといえるであろう。

この年の二月、津田左右吉の『古事記及日本書紀の研究』『神代史の研究』『上代日本の社会及思想』『日本上代史研究』が発禁となった。

神代文化研究所の発掘

昭和十七年、東京の銀座に神代文化研究所と称する団体の研究所があった。この神代文化研究所が、秋田県大湯の環状列石を発掘したことがある。*

＊　大湯の環状列石については、太平洋戦争の後、後藤守一・甲野勇・吉田格・江坂輝彌などが発掘調査し、さらに文化財保護委員会（現地責任者・齋藤忠）による大規模な発掘調査が実施され報告書（『大湯環状列石』昭和二十八年三月）が刊行された。なお、大湯郷土史研究会は、調査研究史の仔細を記録した『特別史蹟大湯環状列石発掘史（全篇）』（昭和四十八年十月）を刊行

した。

大湯の環状列石は、現在、国の特別史蹟として指定されているが、その発見は昭和七年十二月に溯る。発見者は浅井末吉であった。以来その調査・研究と保存を意図する大湯郷土会の人びとによって見守られてきた。発見後、秋田県史蹟調査員の武藤一郎、そして喜田貞吉が踏査し、重要な遺跡との認識は深まっていった。

昭和十七年七月、神代文化研究所は、考古学者の吉田富夫などを派遣して、環状列石の発掘調査を実施した。

吉田富夫は、東京考古学会の同人として『考古学』および『古代文化』誌に弥生式文化を中心とする論文・報告を発表し、また、パンチャナンミトラの『歴史以前の印度』（昭和十八年）の訳書もあり、遺跡の発掘には手慣れた研究者であった。

発掘は七月にひきつづいて、九月より十月にかけての第二次調査におよんだ。研究所の研究部員として吉田はその間発掘の指導にあたった。発掘の結果については、研究所理事の小寺小次郎が「今日大東亜の指導者として偉大なる日本精神を発揮しつつあるのも嘗《かつ》ては如斯《かくのごとく》世界に冠たる最優民族であり、世界文化の発祥地と思考させらるゝ」との感懐をもらした、と伝えられている。

かかる発掘について吉田は、万座遺跡の徹底的調査を企画し、発掘面積は約一〇〇〇坪であったと記録し「環状列石遺跡の標式的な型式を具へるもの」であると報告書に記した。また、昭和十七年九月二十八日に開催された神代文化研究所の座談会の席上「ああした複雑な敷石構築物は、世界石《（ママ）》時代の中でも、稀《まれ》な種類に属するのではないか」、そして研究をつづけることにより「日本神代文化の優秀性は一層明かになると思」うとの所見を開陳したという。

この吉田の見解とは別に、研究所の理事であった田多井四郎治は「大湯町中通平、字野中堂及び万座の遺跡、遺物を以て、アイヌ人の遺跡、遺物にあらず、太古日本神族の遺せし遺跡、遺物なりと断定し、且つこの石造建設物を以て、住居にあらず、古墳群なりと断じ、之に丘陵イハサカと命名」したのである。その所見は「日本神族」「日本神代文化の優秀性」を高唱したものであった。

「神代文化」の研究を目的として開設された神代文化研究所が、昭和十七年の時点で、その研究部（考古学・地質学・人類学・言語学・史学・その他）の専門家を動員して、縄文時代の環状列石を発掘したのである。

まさに、時勢のなせるわざであったといえよう。

日本古代文化学会の誕生と活動

日本古代文化学会の誕生

昭和十六年（一九四一）二月十六日、東京上野の精養軒を会場として「日本古代文化学会」の発会式をかねた第一回総会が開催された。「日本古代文化学会」は、「東京考古学会」「考古学研究会」「中部考古学会」を併合して発足し、『考古学』『考古学論叢』『中部考古学会彙報《いほう》』の三機関誌にかえて『古代文化』を発刊することになった。ただし、『古代文化』は、東京考古学会の『考古学』を改題し、巻号はそれを継承するものであった。

第一回の総会は、「宮城遥拝《きゅうじょうようはい》・皇軍将士に感謝の黙禱を捧げた後」、議事に入り、開会の挨拶（三森定男）、成立の経過（杉原荘介）、日本古代文化学会の主張（後藤守一）、参会

者の所感が開陳され、閉会の辞（丸茂武重）となった。そして、学会の本部委員として、

稲村担元　江上波夫　大場磐雄　桑山竜進　甲野　勇
後藤守一　篠崎四郎　杉原荘介　坪井良平　直良信夫
馬場　修　樋口清之　肥後和男　藤森栄一　丸茂武重
三森定男　矢島清作

が名を連ね、委員長に後藤、編輯主任に三森が就任した。
その「日本古代文化学会設立趣意書」に、

> 肇国以来二千六百一年、万世一系の　天皇上に在《おわ》しまし、皇恩万民に遍《あまね》く聖徳八紘に光被す。臣民亦忠孝勇武、父祖相承けて皇国の道義を宣揚し、君民一体以て国運の隆昌を致せるは国史に徴して瞭《あきら》かなり。而して今や東亜善隣の諸邦と結んで共存共栄の実をあげ、独伊両国と締盟して世界新秩序建設の偉業を果さんとす、洵《まこと》に曠古未曾有《こうこみぞう》の秋といふべし。
> 翻《ひるがえ》つて考古学の学績を顧《かえり》みるに、皇国は文化の由つて来るところ極めて悠遠、しかもその秀英を万邦に誇示し得べく、変遷幾千歳、終始日本文化の特性を発揮し来れるを明かにし、又東亜諸邦は各々自己の文化を展べつゝも互に相倚《よ》り相通じ、以て世界に独歩

すると共に、恒《つね》にその精華を我が国に朝湊せしめ来りしを具象し得たり。しからば皇国の偉業東亜共栄圏の淵源するところは既に遠古にあり、しかも脈絡して今日に至りしことを闡明《せんめい》せんとするは斯学《しがく》の本領たり、吾人の奉公すべき職域正に茲《ここ》にありといふべし。斯《こ》の学はその研究対象を地方の遺跡遺物に求め、精緻なる観察と透徹せる見解の綜合に俟《ま》たざるべからず。而してその遺跡は不時に発見せられ、遺物は湮滅《いんめつ》、散佚を招き易《やす》し。之を以て自から其の研究の基礎を地方具眼の士に委《ゆだ》ぬべきものあると共に、緊密なる連繋《れんけい》と資料の共通とを必要とする、斯の学に如《し》くものはなかるべし。従つて一研究所又は一学者が単独に之を能《よ》くし得可からざるは斯学従来の成果に徴して明かなるところ、吾人努めて分立排他を避け、協力一致、以て合同調査の実を挙げんとするを、吾が日本古代文化学会設立の方針とするもこの意に他ならず。

東京考古学会・考古学研究会及び中部考古学会は、吾人の意図を賛して光輝ある歴史と確固たる基礎を有するにも拘《かかわ》らず、進んで其の学会を解体し、欣然わが日本古代文化学会に参加融合を決せられしは学会近来の快心事として感激の念切なるものあり。茲に三学会の合同に基礎を置き、更に同志の参加を乞ひ、相提携して日本及び東亜古代文化を研究し以て国家奉公の微意を致さんことを期す。

とあり、「今や東亜善隣の諸邦と結んで共存共栄の実をあげ、独伊両国と締盟して世界新秩序建設の偉業を果さんとす、洵《まこと》に曠古未曾有《こうこみぞう》の秋といふべし」と高唱したのである。

この学会は、東京帝室博物館（の鑑査官）を辞任した後藤のもとに、東京考古学会の杉原・坪井・藤森・丸茂など、考古学研究会の三森などを中心として組織されたもので、機関誌『古代文化』の編輯主任には、三森が就任した。

学会の性格

日本古代文化学会の性格は、「設立趣意書」および「会則」に端的に示されている。「本会ハ日本及ヒ東亜ニ於ケル古代文化ノ調査研究に努メ以テ皇国宏謨《こうぼく》ノ由ツテ来ル所ヲ闡明《せんめい》スルヲ以テ目的トス」るものであり、学会の名称に「日本」を冠しているが、それは「日本に於けるの謂《いい》であり、研究の範囲は日本を中心とする東亜諸地方を含める」ものであった。そして機関誌『古代文化』は、会員の研究成果の発表、共同研究助成、考古学普及の目的達成の三方針を標榜した。

日本古代文化学会は、日本考古学会・日本人類学会・そして史前学会とともに日本考古学研究の一勢力となっていった。とくに『古代文化』に見られる学会の主張は、ほかの学会と比べて特色あるものであった。

昭和十七年一月の『古代文化』誌の巻頭は「昭和十七年を迎へて」と題し、「委員一同」

日本古代文化學會會則

一 總則

第一條 本會ヲ日本古代文化學會ト稱ス

第二條 本會ハ日本及ヒ東亞ニ於ケル古代文化ノ調査研究ニ努メ以テ皇國宏謨ノ由ッテ來ル所ヲ闡明スルヲ以テ目的トス

第三條 本會ハソノ目的ヲ達成スルタメ左記ノ事業ヲ行フ

一 共同調査

二 會員ノ調査研究助成

三 「日本古代文化學會調査報告」月刊「古代文化」「考古學年報」及ヒ古代文化ニ關スル圖書ノ刊行並ニ講演會ノ開催

四 其ノ他必要ト認ムル事業

二 會員

第四條 會員ハ本會ノ趣旨ヲ體シ會費年額金六圓ヲ前納スルモノトス

新ニ入會セントスルモノハ會員ノ推薦及ヒ總務委員會ノ承認ヲ要ス

第五條 會員ハ月刊「古代文化」ノ配布ヲ受ケ共同調査研究會並ニ總會ニ參加出席スルコトヲ得

第六條 本會ニ功勞アリタル者ヲ名譽會員トス名譽會員ハ會長之ヲ推薦ス

三 組織

第七條 本會ハ東京ニ本部各地ニ支部ヲ置ク

第八條 本部ハ之ヲ總務企畫調査資料及ヒ弘報ノ五部ニ分ツ

第九條 支部ハ自治制トシ本部總務部ソノ聯絡ニ當ル

四 役員

第十條 本會ニ會長 副會長 委員長及ヒ委員ヲ置ク

第十一條 本會ニ顧問及ヒ評議員ヲ設ク

第十二條 會長 副會長及ヒ委員長ハ會員之ヲ推薦シ委員ハ委員長之ヲ委嘱ス

第十三條 顧問及ヒ評議員ハ會長之ヲ委嘱ス委員任期ヲ一年トス

第十四條 委員長ハ總務部主任ヲ兼任ス

五 會議

第十五條 本會ハ每年初頭ニ總會及ヒ委員會ヲ開ク 又時宜ニ應シ臨時總會及ヒ臨時委員會ヲ開ク

附則

一 事務細則ハ別ニ之ヲ定ム

二 會則ハ總會ノ決議ニヨリ改變スルコトヲ得

「日本古代文化学会会則」

の名で「学究奉公の誠」が高唱されたのである。

昭和十七年を迎へて

昭和十七年の元旦を迎へて、

聖　寿　万　歳

を祈り、かつは満洲に支那に、将《は》た又《また》太平洋各地に戦病死の皇軍将士の英霊に感謝の祈りを捧げると共に、今や陸に海に、大東亜共栄の実を得べく奮戦力闘を重ねる皇軍将士の労に心からの感謝を表すものである。

而して吾々日本古代文化学会員は、この年頭に際して会創立当時の感激を新にし、学究奉公の誠を竭《つく》さんことを誓ふものである。昨一年間は創立後の基礎安定を期したのである。幸ひに会員数は六百を突破し、しかも会員の学会たるの実は漸《ようや》く庶幾《しょき》するものに近づかうとしてゐる。こゝに皇国未曾有の歴史の展開されんとする年の元旦を迎へ本年こそは学会として活躍を新にし、学界に於ける学会と会員の学会との二目的に猪突せんことを期してゐる。

委　員　一　同

同じ号の「編輯後記」に「東亜大戦争は遂に来るべきものが来たのであり、国民は始めて力を尽して戦ふに張合が出来て来た。一億の国民は聖戦完遂の目的を果すべく、全力を尽すべきである」と鼓舞する文章が書かれた。

『古代文化』の「編輯後記」は、学会誌のそれとして、きわめて特色あるものであった。次にその二、三を見ることにしよう。

「編輯後記」から

昭和十七年三月号　南へ南へと、兵隊の直後から、東洋の文化を再編成して行かねばならぬ聖代の日本文化……。

昭和十七年十一月号　此の節、「勝つてくるぞと」勇ましく征途につかれる同学の士が多い。考古学界の名物男江坂君もその一人である。此処にあらためて、諸氏の武運長久ならん事を祈念するものである。

昭和十七年十二月号　「臨時ニュースを申し上げます」昨年十二月八日午前七時、ラジオはかう二度程同じ事をくり返した。そしてそのあとが、あの感激に満ちた「帝国陸海軍は西太平洋に於て米英と戦争状態に入れり」の放送だった。それからもうまるつ（ママ）と一年たつた。その日の私の日記帳をめくつてみると「やつたなツ！とひとりで大きく、拳を固めて空を打ち振つた。朝食の膳に直《なお》つても体がわくわくして、ろくに飯がのどを通らなかつた。何んと形容していゝか自分にもわからない興奮と感激が、ぐつと胸もとにこみ上げて来るのをしつた」と書いてある。私だけではなく日本人の誰もが、みなそうだつたのに違ない。一年後の今日だつて私共の心持はその当時と少しも変つてゐない筈《はず》だ。それでなければ米英撃滅の百年戦争にはうち勝てない。

昭和十八年一月号　皇紀二六〇三年、大東亜戦下再びめぐり来つた新年である。支那事変勃発の年からすると丁度七年目、とにかく、石に齧《かじ》りついても、戦ひに勝ち抜かねばならない日本だ。はつ日の出を拝んだあの気持ちで、さあ今年もみんな元気で、朗《ほがらか》に、お国の為に働かう。

昭和十八年二月号　陽春来る。大東亜戦下厳しき中にも木々は芽ぐみ、鳥は囀《さえず》る。御奉公の寸暇を踏査に発掘に当て、身体を錬り、知識を殖やさう。

昭和十八年七月号　それにしても、時局は日に急迫を告げてゐる。本会は由来若い研究家を会員に擁してゐるのを誇としてゐたのであるが、その若い諸君は皆発掘のショベルをすて、研究の書を閉ぢて、勇躍軍務に服されてゐると言つてもよい。現に本号に載せた二大雄篇の筆者も、一人は既に遠き征野の地にあり、もう一人も、甲種合格の栄を担つてゐられる。……未だ若い藤森君は考古学の論文をまとめて出陣された。

……佐野君は本稿を物し、卒業論文を物し今は悠々入営の日を待つてゐられる。

昭和十八年九月号　時局はますます苛烈を加へて来た。わが国民は一億力を合せて戦力増強の一途に力をあつめてゐる。法文経学科生の徴兵猶《ゆう》予《よ》停止となり、大学及専門学校在学中の学生諸君は勇躍征途につき、法文経の大学は一時休学といふことになつた。

昭和十八年十月号　……戦局の苛烈に伴つて、出版界にも大きい波が、それからそれへと押し寄せて来る。印刷業者の企業の整備から、次いで出版業者の大幅な整備が目前に迫つて来た。国を賭しての戦の前には、何物をも忍ばねばならない。国の要求に対《こた》へなければならない。

『考古学』の「編輯記」から

『考古学』第一一巻（厳密には第一一巻第一一号）までの「編輯記」と比べて、なんと異質の文章が記されていることか。もちろん、『考古学』の「編輯記」にもそれぞれの時の趨勢にしたがって、それなりの記述はある。『考古学』誌として最後の巻となった第一一巻の「編輯記」より一、二抜粋してみよう。

昭和十五年二月号　皇紀二千六百年紀元の佳節、吾々は考古学第十一巻第二号を校了とした。実に何の変跌《ママ》もない、誠に文字通りの十年一日の「考古学」である。だが同時に今後更にも増して難局が吾々の前途を阻まうとも、この歩調は十年一日聊《いささ》かも変りはしない。そして一年、そして亦一年、吾々の「考古学」は永遠に吾々の「考古学」を蓄積して行くことであらう。

昭和十五年五月号　日本原始文化の問題が皇紀二千六百年を期に色々の方面で検討されて来た。考古学徒のそれに関する労作も尠くなく、同時に所論は鋭く展開して来た。我々は世に横行する古代史家や思想家達の肌寒い戦慄すら感ずる出版物を見、之が亦《また》国民大衆に大いに吸収される事実を思つて、かゝる時節である故に、考古学者は大いに自重して事に当らなければならないと痛感するのである。

『考古学』の「編輯記」があくまで所収論文の意味づけを主としているのに対して、『古代文化』の「編輯後記」は収録論文についてのコメントを果たすと同時に、否、それ以上のウェイトを特定の価値観のもとにおいて時局を展望している。ここに日本古代文化学会の特徴を見い出すことができるであろう。

発会式の儀礼　日本古代文化学会は、第一回総会を発会式をかねて挙行したが、議事に入る前に「国民儀礼」がなされた。当時、会合の議事に先立って国民儀礼を行うことが義務づけられており、日本考古学会の第四七回総会（昭和十七年四月二十五日）においても「宮城遥拝、戦没将士の英霊に対する感謝幷に皇軍の武運長久を祈願する為に黙禱を捧げたる後」に議事に入っているが（「第四七回総会記事」『考古学雑誌』第三二巻第五号、昭和十七年五月）、それは当時としてはごく一般的な総会光景であったといえよう。しかし、その会則に定められた目的をはじめ、機関誌の「編輯後記」は「大東亜共栄」に迎合し、「聖戦」を貫徹する気概が横溢《おういつ》していたことを否定することができない。

『古代文化』は、昭和十八年十月の第一四巻第一〇号を最後に以後ふたたび学界に登場することはなかった。その最終号の「編輯後記」は、「編輯者応召の為代つて」後藤守一委員長が筆をとった。「国を賭しての戦の前には、何物をも忍ばねばならない。国の要求に対へなければならない」と。

日本古代文化学会の発会式をかねた第一回の総会が開催された昭和十六年二月十六日を遡ること数ヵ月以前、関係方面に先に示した「日本古代文化学会設立趣意書」が送られていた。この設立趣意書をみるかぎり、それはまさに時局に迎合したものであったといえよう。

このような日本古代文化学会の結成とその活動は、当時の社会状況を明敏に反映したものと理解することもできる。

近衛新体制と考古学

昭和十五年七月二十二日、第二次近衛内閣が成立した。そして二十六日「皇国の国是《こくぜ》は八紘《はっこう》を一宇とする肇国の大精神に基き、世界平和の確立を招来することを以て根本とし、先づ皇国を核心とし日満支の強固なる結合を根幹とする大東亜の新秩序を建設するに在り」との方針をもった「基本国策要綱」が閣議決定されたのである。これを受けた外務大臣の松岡洋右の言葉はすこぶる注目すべきものであった。それは「大東亜共栄圏の確立」を打ちだした発言であったからである。この八月一日の松岡発言は、さきの「基本国策要綱」にあわせて七月二十七日に大本営と政府の連絡会議が採択した「世界情勢の推移に伴ふ時局処理要綱」が背景をなしていた（桶谷秀昭『昭和精神史』平成四年六月）。その「……時局処理要綱」は、武力行使を含む南進政策であった。

九月二十七日、「日独伊三国同盟」調印。そして十月十二日「大政翼賛会《たいせいよくさんかい》」発会、十一月十～十四日「紀元二千六百年祝賀」の諸行事、十一月二十三日「大日本産業報国会」創立とつづく。一方、東京帝室博物館において「正倉院御物特別展」が十一月五～二十四日にかけて開催された。正倉院御物の一般公開の嚆矢である。

第二次近衛内閣が進めた「新体制」運動は、既存政党の解党による大政翼賛会の結成に象徴されるように、旧来の国内体制の一新をめざすものであった。

かかる価値観のもと、考古学界にも一新の風が吹いた。

日本古代文化学会の前身　東京考古学会、考古学研究会、中部考古学会の三民間団体の合併が実現したのである。東京考古学会は、昭和五年一月に「考古学に関する知識の普及並に研究者相互の交詢連絡を目的」（会則第二条）として発足した。機関誌『考古学』（発会時は隔月刊、のち月刊）をもち、森本六爾《ろくじ》が主宰していた。森本の没後、坪井良平が中心となり、合併直前（『考古学』第一二巻第一号、昭和十六年一月）の会事務所は、大阪市住吉区阿倍野三丁目一〇番地に置かれていた。

考古学研究会は、京都帝国大学の出身者が中心となって昭和十一年の春に発足した。『考古学論叢』を機関誌とし、主として三森定男が実務を遂行していた。合併直前には『考古学論叢』の第一五輯（昭和十五年四月）を刊行した。事務所は、京都市左京区百万遍の京都アパート内に置かれていたが、主幹の三森は東京へ転居していた。

中部考古学会は、江馬修の提唱、林魁一《かいいち》の賛同のもと、八幡一郎を中心として昭和十一年八月に発会式をもった。機関誌『中部考古学会彙報《いほう》』を有し、事務所は東京市本郷区駒込千駄木町四七番地であった。合併直前号は第四年第二報（昭和十四年四月）であった。

この会は「中部地方を考古学的に研究して日本古文化の闡明《せんめい》に寄与し、併せて会員相互の連結交詢《こうじゅん》に資することを目的」として結成され「便宜」上、東京に事務所が置かれていた。

藤森栄一の述懐

在野の三つの研究会併合については藤森栄一の述懐が知られている。藤森が昭和四十二年（一九六七）七月に出版した『かもしかみち以後』（学生社）に収められた「東京里がえりの記」の記述がそれである。

そのころ（昭和十五年の春）、藤森はひどく「窮乏」していた。一方、考古学研究会の主幹の三森定男も「同じような状態」であった。この状態をみた丸茂《まるも》武重は「在野研究会を統合し、それに、アカデミーの考古学会や人類学会も参加してもらって強力な挙国体制を作り、合わせて研究者の安定をはかろうという狙い」をもった、という。その「話は丸茂君の活躍で、どんどん進んだ」。

「どちらへころんでも、今より悪くなるはずがない。そんな安易な気持で」あった藤森にとって、考古学界の「挙国体制」には「異存はなかった」。しかし、「官学はいっこうおどらず」に在野の三団体が参加したのみであった。

この藤森の述懐によれば、合併を画策したのは丸茂である。藤森は、丸茂の狙いの後段

「研究者の安定」に食指を動かしたようである。それでは、その前段、考古学界の「挙国体制」をめぐってどの程度の意見交換が行われたのか。それは藤森手記から知ることはできない。どうも、合併の主唱者は丸茂であったらしいが、それを裏付ける資料は見当たらない。

『古代文化』と銘打った最初の号（『考古学』改題）は第一二巻第二号（昭和十六年二月）である。その号に丸茂は「最近の古代史学界」と題する時評を掲げた。そのなかで「古代史学の動向は決して静かではない、分裂してゐる。これでよいのだ。価値の顚覆《てんぷく》は同時に価値の創造である」という見解を披瀝しているし、また、日本古代文化学会の発会式をかねた第一回の総会の閉会宣言は丸茂が担当した。丸茂が合併の中心となっていたことは明らかである。

丸茂は「考古学者らしくない考古学者」であったという（藤森栄一「丸茂武重のエトアール――跋にかへて――」、丸茂武重『神々と知性の戦ひ』昭和二十三年一月、あしかび書房）。東京考古学会の中心メンバーでありながら「フィルドへも出ず、鍬をも持つたことのない考古学者」であったと評されている。昭和十五年の「寒い頃」丸茂は夫人の劇作家田居洋子とともに「新古典派」を結成して「反戦運動に乗り出していつた」。そして『古代喜劇論』

を出版したが、製本完成の直後、手元の一冊を残して「持ち去られた」という。ペンを執れなくなった丸茂は、鳥居龍蔵の紹介によって「満洲」の軍官学校の教授として「渡満」した。「戦争嫌ひの学者は陸軍少尉であった」。丸茂が鳥居の紹介によって「渡満」することになったきっかけは、東京考古学会顧問の鳥居と同会同人の有志が昭和十五年の夏に会合をもったときであるらしい。そして丸茂は「渡満」した。

＊　藤森栄一『かもしかみち以後』（昭和四十二年七月）。ただ『古代喜劇論』の書評は藤森によって『考古学』第一一巻第三号（昭和十五年三月）に執筆されている。

昭和十五年暮れごろ（あるいは十六年一月ごろ）、丸茂は、藤森を、そして三森を訪れる。そこで二人の「窮乏」をみたことによって、一気呵成に「挙国体制」構想を樹立していく。昭和十六年二月十六日、日本古代文化学会が発足した。

藤森の述懐と『考古学』の第一一巻などによって日本古代文化学会成立の前夜を憶測するとこのようになる。

学会の合併

丸茂の画策は予期した方向には進まなかった。早々に目的を達成しようとした時間の問題もあったが、伝統ある諸学会は、決して雷同しなかった。それは当然の成り行きであった。

当時、考古学会（機関誌『考古学雑誌』）、東京人類学会（機関誌『人類学雑誌』）、史前学会（機関誌『史前学雑誌』）があったが、運営の背景に、それぞれ、東京帝室博物館、東京帝国大学人類学教室、大山史前学研究所があり、合併に耳を借すことがなかった。全国的に会員をもち、かつ、その有力メンバーが東京に在住して意見を交換することのできる研究会としては、東京考古学会、考古学研究会、中部考古学会であった。大阪に事務所をもつ東京考古学会の主力メンバーは東京に居り、京都に事務所を置く考古学研究会の主幹は東京に転居し、また、中部考古学会の事務所は東京であった。この三つの研究会が合併したとき、その代表者は、機関誌は、どうするかという問題があった。代表者に推された後藤守一は、そのころ、東京帝室博物館を辞職していたので好都合であったが、実際には後藤のもとで関係者の協議があったらしい。そして、東京考古学会が機関誌『考古学』を改題して巻号を継承すること、考古学研究会の主幹が機関誌の編輯主任となること、になった。

新しい会名は「日本古代文化学会」、代表者は後藤守一、事務所は後藤の自宅——東京市杉並区阿佐ヶ谷三丁目五二六番地、機関誌名は『古代文化』と決まった。そして『考古学』第一一巻第一号をうけて『古代文化』第一一巻第二号の発行となったのである。

この合併はかなり急速に実施された。発会式兼第一回総会が昭和十六年二月十六日、機関誌の発行日は二月二十五日であった。したがって、二月号（第一二巻第二号）の表紙IIに「日本古代文化学会会則」が掲げられたにすぎず、日本古代文化学会の第一回総会記事は、後藤の「日本古代文化学会の主張」とともに三月号（第一二巻第三号）に公示されることになった。

考古学研究の三団体の合併は、急速に成就された。それは、あたかも第二次近衛内閣の「新体制」運動に迎合するかのような趣をもって一気呵成に行われたのである。しかし、それは斯学《しがく》を挙げての合併にはならなかった。東京帝室博物館を牙城とする中心メンバーによって運営されていた考古学会は、日本古代文化学会の発足に刺激をうけてか会名を「日本考古学会」と改名したにとどまり、東京帝国大学人類学教室をバックとする東京人類学会はまったく動かず、また、大山柏の主宰する史前学会も微動だにしなかった。

考古学における「新体制」運動は、官を辞した後藤のもとに民間の三つの研究会の合併劇であったが、それは、昭和十七年五月二十六日に発足した日本文学報国会に集結した文学界とは雲泥の差があった。日本文学報国会は「国家の要請するところに従つて、国策の周知徹底、宣伝普及に挺身し、以て国策の施行実践に協力する」ことを目的として組織された公益法人であった（尾崎秀樹『旧植民地文学の研究』昭和四十六年六月、勁草書房）。

肇国と大東亜の考古学

後藤を中心とし考古学界の「新体制」を確立しようと意図したであろう画策は、民間主導のもとでは初期の目的を達成することは不可能であった。そこには「国策」のもと、華々しい活動を続ける東亜考古学会とは到底競うことはできなかったのである。

しかし、日本古代文化学会は「日本を中心とする東亜諸地方」を研究の範囲とする主張を掲げた。それは、あたかも後藤が弥生式文化の溯源を求めるためには朝鮮半島・中国大陸の調査を願望していたのと軌を一にしているかのようであった。

日本古代文化学会は、伝統ある考古学の学会と異なり、「聖戦完遂」「米英撃滅の百年戦争」そして「お国の為め」の主張を掲げつづけた。それは「大東亜共栄」の思想を『古代文化』を通して燃焼したものというべきであり、「肇国」の考古学として位置づけられている。

そのころ、大山柏は「大東亜考古学」に対して、次のように述べた（「エム・ヘルネス『史前考古学の基礎的組織』を読む」の追記、『史前学雑誌』第一四巻第四・五号、昭和十七年十二月）。

最近大東亜の考古学を提唱する人がある由を聞知した。誠に結構な御考へであり双手《もろて》を挙げて賛成する。しかも東亜独自の境地に立脚して、欧米に依存しない東亜考古学の創立であれば益々可である。然し乍《なが》ら万一にも自分の一個のみの東亜考古学で、他人にも学会にも通用しないものであるなれば、寧《むし》ろ無い方が人を惑はさなくてすむ。而して科学の研究なるものは敵も味方もなく、其良い点をより進めて行くのが最も大切であり、又科学者の任でもある。かくしてこそ大東亜考古学も生れてくるが、一番恐しいのは消化不良の科学と、己れの不勉強と不得手を匿《かく》さんとする偽科学論とである。

この執筆日は、昭和十七年十二月十六日である。大山は、何を提言したかったのであろうか。

考古学者と「日本精神」

後藤守一とその著作物

昭和十五年（一九四〇）の一月、考古学者後藤守一《しゆいち》が、紀元二六〇〇年祝典のラジオ放送として「上古時代文化史」を考古学の立場から国民に向かって述べたことについてはすでに触れた。四回にわたったこの「国史講座」の「上古時代」放送は、一年後に『日本の文化　黎明篇』として出版され、考古学者からも賛辞をえたことは、その内容がよく当時の学界の成果を咀嚼《そしやく》していたことのあらわれであった。

その「自序」において「何万の放送聴取者に対し、曲りなりにも吾々考古学研究者の成果の大要を伝へ得たといふ自信はある」と、まさに自負し、「大和文化形成の迹《あと》を確信を以て述べることが出来た」と記したのである。

その後、後藤は、昭和十七年三月に『埴輪』（アルス文化叢書、アルス）、四月に論文集『日本古代文化研究』（河出書房）を公にした。ついで十八年に入ると五月に『日本歴史考古学』（四海書房）の六版、六月に『日本考古学』（四海書房）の一〇版と『古鏡聚英』上篇（大塚工芸社）、七月に『日本服装史概説』（四海書房）、そして十一月には『先史時代の考古学』（績文堂）を公にした。『日本古代文化研究』は、四月に発行されたが、その三ヵ月後の七月には再版され好評を博した。収録論文は「古墳文化を中心としたものであり、殊に生活文化に関係ある」既発表の論文二六編が収められたが「旧論文に改訂の筆を加える一方、「古い論文は殆んど書き変へ」たものであった。『日本歴史考古学』は昭和十二年に初版が刊行されたもの、『日本考古学』は昭和二年に初版が公にされたものである。ともに「帝室博物館前鑑査官」の肩書きであった。また、『日本服装史概説』には「国学院大学教授」の肩書きがつけられている。『古鏡聚英』上篇は、既刊の下篇「隋唐鏡より和鏡へ」に対し「漢鏡より六朝鏡」を扱ったものであった。

『先史時代の考古学』は、「少国民諸君」を対象とした書下しの著作である。発行元（績文堂）は「青少年向きの読物」を出版し『帝国潜水艦』『航空母艦と飛行機』『帝国機甲部隊』『大東亜戦と科学兵器』などを「少国民の科学」シリーズとして発行していた。したがって「少国民諸君の為に、この本を書かう」と思っても不思議ではなかった。後藤は、考古学を説明するにあたって「この国家非常の時」であるからこそ「日本人は、どんな人人であらうかといふこと」を知ることが必要であり、「畏《かしこ》くも宣戦の御勅語を拝してから一年余、日本のえらさ」に「世界の人々は驚かされた」と述べている。ついで「大東亜共栄圏の人々には、兄さんとして、姉さんとして尊敬もされ、又親しまれ」なくてはならないとつづけるのである。そして「万世一系の皇室」「八紘為宇の大理想」について述べ、「八紘為宇といふことは、決して昨日今日のことではない、遠い古代からのことであることが、考古学研究によつて明かにされる」と述べている。そして、日本の考古学の「最後の目的」は「古代日本人を明かにし、その精神を明かにする」と教えるのである。これが「少国民諸君」に対する一考古学者からのメッセージであったのである。

昭和十九年に入って、後藤は一月に『埴輪の話』(増進堂)、十一月に『祖先の生活』(大日本雄弁会講談社)を刊行した。前書は「少国民選書」、後書は「少国民の日本文庫」に収められたものである。

「埴輪には日本人の精神がこもつてゐる」と説く『埴輪の話』、「勝利の道にむかつてま

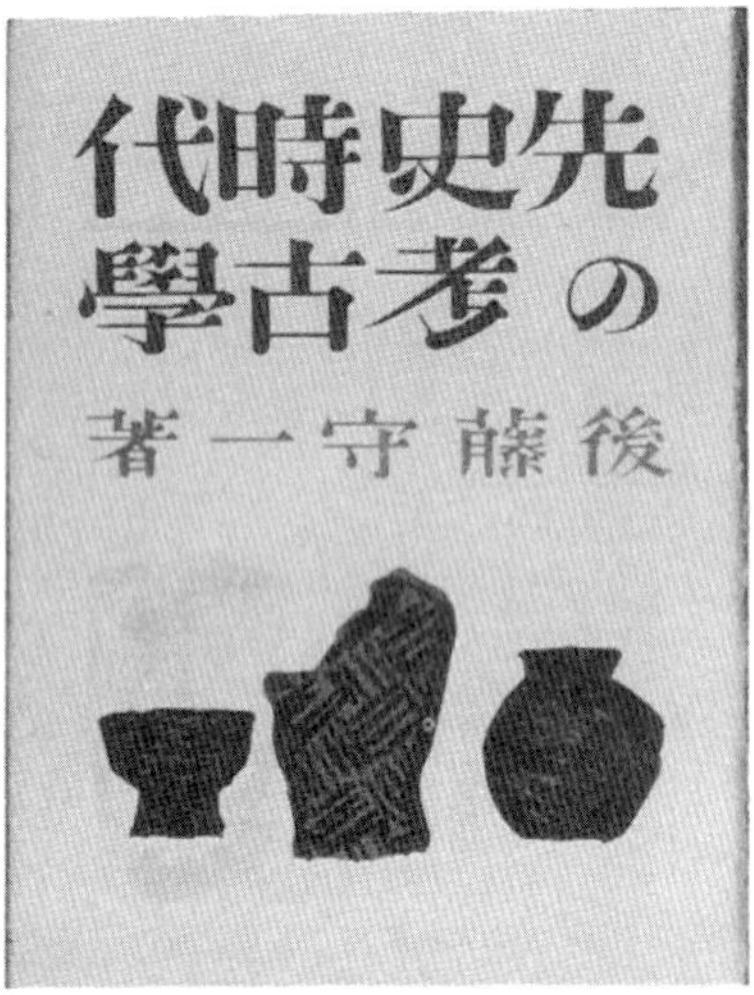

右上　後藤守一著『先史時代の考古学』(昭和18年)
左上　後藤守一著『祖先の生活』(昭和19年)
右　後藤守一著『埴輪の話』(昭和19年)

つしぐらに突進する日本人の精神力」その「優秀な日本民族の精神を、この大昔の祖先の生活の中に見」ることを説く『祖先の生活』、この二冊の「少国民」に向けた書は、さきに刊行された『先史時代の考古学』とともに高名な考古学者が「少国民」を対象として書いた「日本精神」三部作であったのである。

それらの発行部数は、『先史時代の考古学』五〇〇〇部、『埴輪の話』三五〇〇部、『祖先の生活』五〇〇〇部であった。

紀元二六〇〇年を迎えた昭和十五年一月のラジオ放送から、昭和十九年十一月刊の『祖先の生活』の刊行にいたる間、後藤は一貫して、考古学者としての立場から時局に応じた発言を披瀝してきた。後藤の発言は、時勢に添った「日本国民の一人」「考古学者の一人」として開陳したものであった。

紀元二六〇〇年をめぐる考古学界

そのころ（昭和十五～十九年）、考古学界はどのような動きを呈していたのであろうか。

紀元二六〇〇年を迎えた昭和十五年、考古学会は、『考古学雑誌』第三〇巻に「皇紀二千六百年　創刊三十巻　記念特輯号」を一・三・五・六号に組んだ。それは「鏡」（第一号）、「剣」（第三号）、「玉」（第五・六号）についての特集であった。かかる「三種の神器」を特集のテーマとしたところに考古学会の方向を窺うことができよう。

この特集は、同年の九月に考古学会編『鏡剣及玉の研究』(吉川弘文館)と題する単行本として公刊された。それに「序」を寄せた会長の黒板勝美は「光輝ある紀元二千六百年を迎へたことは、此佳辰《かしん》に際会した我等国民の斉《ひと》しく感激措《お》く能《あた》はざるところ」であり「本会は此佳辰を記念し、併せて斯学《しがく》の前途を祝福せんが為めに、我肇《ちょうこく》国精神の象徴であり、且又我考古学研究の主題でもある鏡剣及び玉に関する論文を募集」して特集号を編し、それをもとに一書となした経緯を述べた。収録された論文は、鏡八編・剣八編・玉九編の二五編であった。ただし、特集号に掲載された論文は、鏡五編、剣六編、玉八編であり、特集号以外の号に掲載された鏡一編、玉一編の二編と新たに執筆された鏡二編、剣二編を加えて編集されたものであった。

一方、東京考古学会は『考古学』第一一巻第一号(昭和十五年一月)の「会告」に「ここに光輝ある紀元二千六百年の春を迎へ、国民挙《こぞ》りて肇国の悠遠なる歴史を体し、新なる歴史の実践に向はんと決意に燃えて立つ時、我等また東京考古学会を興してより十年の学的成果を積み……満十周年の喜びを重ぬる光栄を有する」「今や興亜建設の時に当つて考古学に課せられたる大日本黎明文化闡明《せんめい》の任の重且つ大なるを思ひ、本会は更に万全を尽くしてその使命の達成に努む」ことを宣言した。その記念の一つとして「紀念論考集（仮題『日本文化の闡明』）」の刊行を予告した。予告された論考集は『日本文化の黎明』（『考古学評論』第四輯）と題し、九編の論文を収めて昭和十六年五月に刊行された。

また、史前学会は『史前学年報』（昭和十五年度）の事業報告のなかで「皇紀二千六百年の意義深き年を送り、我史前学会は創立第十三年の春を迎へ」「未曾有の非常時下聖戦第四年の史前学会、考古学会は幾多の困難を克服しつつ不断の活動を続け」ていることを述べた。

「紀元二千六百年」に際し、考古学会、東京考古学会は記念の論文集を編み、史前学会は事業報告のなかでそれにふれたのである。このような「中央」の考古学関係の学会のほか、「地方」の考古学関係の学会でも記念の企てが行われた。たとえば『紀伊考古』を機関誌にもつ紀伊考古雑誌発行会（和歌山県）は、第三巻第一号の「巻頭之辞」において「あゝ二千六百年間に陶冶され、伝統づけられたる国民精神と火にも水にも亡ぼされなかつた独自の文化にこそ光栄あれ」「我等は国民精神と国民文化の素材を土中に掘るものである。民族も情操も古いほど純粋であらねばならぬ」「我等はこの意義深き年を迎ふると共に、更に紀伊国一円の考古学的探求に精進し、特にこの機会に於て神武天皇熊野御上陸に関しては机上の空論にあらざる確実さをつかまねば止みません」と記した。ついで次号（第三巻第二号）には「神武天皇御聖蹟地」に関する三編を掲げて「二千六百年の祝意を表」したのである。

上田三平が「紀元二千六百年の記念」として『日本史蹟の研究』（第一公論社）をまとめたのもこの昭和十五年十月のことである。内務省・文部省にあって各地の史蹟を調査する任務にあった上田が「宮」「国庁」「寺」「柵・城」「薬園」跡などを踏査した報告を一書に収めたこの書は、著者二四年間の軌跡でもあった。

紀元二六〇〇年の奉祝行事の一つとして東京帝室博物館において「正倉院御物展覧会」が開催されるなど、昭和十五年は「奉祝の年」であった。

翌年、考古学会は日本考古学会、東京人類学会は日本人類学会、東京考古学会・考古学研究会・中部考古学会は合併して日本古代文化学会と、それぞれ名称変更と合併がなされた。学会も大きく変ったのである。

考古学と「日本精神」

後藤は昭和十五年に東京帝室博物館を退職し、東京文理科大学・国士舘専門学校などの講師をつとめ、昭和十八年からは国学院大学の教授に就任した。その間に「少国民」対象の「日本精神」三部作を公にしたのであった。

昭和十五年のラジオ放送、それをまとめた昭和十六年刊の『日本の文化 黎明篇』、昭和十八年刊の『先史時代の考古学』、そして昭和十九年刊の『埴輪の話』と『祖先の生活』の出版、昭和十六年二月の日本古代文化学会の代表就任は、官を離れた一人の考古学者が時代とともに生きた姿を示している。

そのころ、考古学界で活躍していた多くの考古学者たちは、遺跡・遺物の報告と分析に主眼をおく文章を執筆することによって実証主義に徹していたがために、官の圧迫を逃れ生きのびることができた、という評価がある。その評価は一面においては正しいかも知れない。しかし、まったく筆を断っていた人もいたし、一方、「大東亜共栄圏」構想に迎合していた人もいた。人さまざまであったのである。

学会もその機関誌に実証主義の論文と報告を掲載することによって安穏であった面もある。しかし、編集の方針、目的など、既述の学会はさまざまであった。そのなかで異色であったのは、日本古代文化学会である。その「編輯後記」には、まさに時代の流れに迎合する気運を看取することができる文章が並んでいるが、それは考古学者の「日本精神」鼓舞のあらわれでもあったといえよう。

文部省が『国史概説』（上・下、一月・三月）を刊行し「肇国の宏遠」を提唱したのは、昭和十八年のことであった。日本考古学会の第四九回総会（昭和十九年四月二十日開催予定）が「非常時決戦体制下」において「事緊急を要せざる会合は自粛」すべしとの「当局」の要望により「流会」となったのは昭和十九年三月であった。

この年の二月、文部省は軍事教育を強化する方針を発表し、食糧増産に学徒（五〇〇万人）の動員を決定した。また閣議は、学徒勤労動員の通年実施を決め、さらに、文部省は、学校工場化実施要綱を発表した。まさに、非常時であったのである。

参考文献

水野清一『東亜考古学の発達』(昭和二十三年、大八洲出版)
和島誠一ほか「日本考古学の発達」(『日本考古学講座』二、昭和三十一年、河出書房)
小林行雄「考古学史・日本」(『世界考古学大系』一六、昭和三十七年、平凡社)
近藤義郎「戦後日本考古学の反省と課題」(『日本考古学の諸問題』昭和三十九年、河出書房)
齋藤忠『日本考古学史』(昭和四十一年、吉川弘文館)
戸沢充則「日本考古学史とその背景」(『日本考古学を学ぶ』一、昭和五十三年、有斐閣)
齋藤忠『日本考古学史資料集成』(昭和五十四年、吉川弘文館)
坂詰秀一『日本考古学文献解題』I(昭和五十八年、ニュー・サイエンス社)
齋藤忠『日本考古学史辞典』(昭和五十九年、東京堂出版)
坂詰秀一『日本考古学文献解題』II(昭和六十年、ニュー・サイエンス社)
勅使河原彰『日本考古学史—年表と解説—』(昭和六十三年、東京大学出版会)
柳沢清一「『ミネルヴァ』論争と肇国の考古学—出版史から見た考古学史の一断面—」「後藤守一『祖先の生活』とその周辺」(『先史考古学研究』三、平成二年)
齋藤忠『日本考古学用語辞典』(平成四年、学生社)
齋藤忠『日本考古学史年表』(平成五年、学生社)

勅使河原彰『日本考古学の歩み』（平成七年、名著出版）
柳沢清一「『日本古代文化学会』と歴史教科書の編輯—少国民新聞編『新しい日本の歴史』第一巻とその周辺—」（『古代』第九九号、平成七年）
春成秀爾「青陵最後の抵抗—二つの『古代の遺物』—」（『考古学研究』第四二巻第二号、平成七年）
春成秀爾「『文化』と『社会』—山内清男『日本遠古之文化』の一背景—」（『考古学研究』第四二巻第四号、平成八年）
齋藤忠・芹沢長介・江坂輝彌・坂詰秀一編『日本考古学選集』（全二五巻、昭和四十六〜六十一年、築地書館）
齋藤忠編『日本考古学論集』（全一〇巻、昭和六十一〜六十二年、吉川弘文館）
櫻井清彦・坂詰秀一編『論争学説 日本の考古学』（全七巻、昭和六十一〜平成元年、雄山閣出版）

あとがき

考古学史に関心をもったのは学生時代に石田茂作先生から「学問は学史の勉強から」とご示唆をいただいたときからである。その後、齋藤忠先生の教えを受けるようになってから、その関心は倍加していった。齋藤先生収集の膨大な学史の生《なま》の資料を拝見して、学史の研究は先生の独壇場であり余人の入る隙がないのではないか、と感銘したのである。

齋藤先生は『日本の発掘』と『日本考古学史』を皮切りに、『日本考古学史資料集成』『日本考古学史辞典』など一連の日本考古学史の労作をつぎつぎと学界におくられていった。それは大部分ご自身が収集し整理され、そして活用された資料によるものであった。先生は「事実を忠実に再現することが学史研究の第一歩」との視点から収集資料を惜しみなく公表されてきたのである。

このような齋藤先生のお仕事ぶりを拝見していた私にとって、日本考古学の学史を体系化された初の著作『日本考古学史』は座右の書の一冊となった。

『日本考古学史』は齋藤先生の数ある著書のなかでも名著と考えているが、ただ、日本が中心のため「外地」の考古学についてふれられていないのが残念であった。

日本の研究者による「外地」の考古学については、昭和二十年代から三十年代にかけて直接ことに従事された研究者を中心に、かつての調査を総括する研究会がもたれたこともあったが、その仔細は発表されていない。

太平洋戦争中に日本の研究者が「外地」でどのような視角で遺跡を発掘していたのか、それを知りたいこともあって、関係の報告書などの収集を心掛けながら、若干の私見を公にしてきたのである（『古文化談叢』第三〇集、『立正大学文学部論叢』第九九号、『立正大学文学部研究紀要』第一一号など）。そしていつの日か、日本考古学の側面史を書いてみよう、と考えていたのである。

近頃、日本の考古学界において学史の研究をテーマとする風潮が顕著にみられるようになってきた。学史の研究は、研究者それぞれの視点から試みられるため、同一のテーマを扱ってもまったく異質の評価となることも決して稀ではない。否、それは当然のことであるかも知れない。ただ言えることは、関係の資料――文献をできうる限り自身で確認し、それを咀嚼《そしやく》することが必要であろう。往々、報告書などの〝研究略史〟的な文章に孫引きが散見され、あまつさえ明らかに依拠したと思われる文献を記載していない例もあるが、研究者としてのモラルが問われるであろう。このことは、とくに学史を扱う場合に留意すべきことではあるまいか、と密かに考えてきたのであった。

右の次第を編集部の大岩由明さんに何とはなしに話したところ、早速に『昭和の考古学』と題する一書にしましょう、とのこと。時間を下されば、との条件でお引き受けしたが、遅々として進まない。そのうち大岩さんから新企画の「歴史文化ライブラリー」の一冊として収めたい、と連絡を受けた。しかし、あたえられた紙幅で『昭和の考古学』全般について触れることは不可能である。そこで齋藤先生の主張される「昭和前期」と「沈滞期」を対象として、日本の考古学がその時期にどのように対応していたのかを素描することにしたのである。

「十五年戦争」を「満洲事変」「日中戦争」「アジア太平洋戦争」の三段階に区別する立場（江口圭一『十五年戦争史』新版、平成三年）にたてば、本書で扱った時期は、まさに「十五年戦争」に合致する。

日本の考古学史にとって、その時期はあたかも「空白の時期」のごとく取り扱われてきた。齋藤先生は「太平洋戦争中の考古学の沈滞した数年」と捉えられている。しかし「内地」でも「外地」でも、それぞれ考古学の歩みはあった。「外地」の動きについては、該当する地域の調査についての文献は不十分ながら残されているし、また当事者の総括もなされている。「内地」についても同様である。「外地」の「植民地」考古学、「内地」の「肇国《ちょうこく》」の考古学について、ここいらでまとめておくことも必要であろうと考えるにいたったのである。

近年、一部の考古学の研究者によって「肇国」の考古学をめぐる掘り起こしがなされつつある。しかし、一方においては旧態依然の学史の捉え方も認められている。

学史の認識は、確実な資料の収集とその客観的な認識そして分析とが、まずもって要求されることは当然である。その上で、それぞれの価値観と立場によって構成されていくことになる。日本考古学史、とくに昭和の前半における考古学史については、まだとかく学史の対象として冷静に論じることに抵抗があるのは事実である。感情に溺れることなく、客観的に説くことは容易ではない。さらに重要なことは、考古学の学史をそれぞれの時の流れ、その時点における「国民」としての立場を度外視して、「考古学者」としての側面のみを切りとって把握する不合理さを冒していないか、という不安感がつねに付きまとうことである。

何はともあれ、私なりに「太平洋戦争と日本の考古学界」について、不十分ながらまとめてみたのが本書である。日本考古学史の「空白の時期」の実態をかいまみることができたとすれば、それなりの意味もあろう。

本書の執筆にあたり種々ご教示いただいた齋藤忠先生をはじめ、角田文衞・江坂輝彌・吉田格・平井尚志の諸先生に対して深く感謝の意を表したい。

最後に、本書の成るのは、もっぱら大岩さんの督励の賜物であり、あわせて、厄介な編集実務でお世話になった編集部の杉原珠海さんのお二人に厚く御礼申し上げたいと思う。

平成九年一月

於　立正大学考古学研究室

坂　詰　秀　一

著者紹介

一九三六年、東京都生まれ
一九六〇年、立正大学大学院文学研究科（国史学専攻）修士課程修了
現在立正大学文学部教授、㈶古代学協会専務理事

主要著書
歴史考古学の構想と展開　歴史考古学の視角と実践　日本考古学の潮流　読書の考古学

歴史文化ライブラリー
11

太平洋戦争と考古学

一九九七年四月一日　第一刷発行

著　者　坂《さか》詰《づめ》秀《ひで》一《いち》

発行者　吉川圭三

発行所　株式会社　吉川弘文館
東京都文京区本郷七丁目二番八号
郵便番号一一三
電話〇三―三八一三―九一五一〈代表〉
振替口座〇〇一〇〇―五―二四四

印刷＝平文社　製本＝ナショナル製本
装幀＝山崎　登（日本デザインセンター）

歴史文化ライブラリー

1996.10

刊行のことば

現今の日本および国際社会は、さまざまな面で大変動の時代を迎えておりますが、近づきつつある二十一世紀は人類史の到達点として、物質的な繁栄のみならず文化や自然・社会環境を謳歌できる平和な社会でなければなりません。しかしながら高度成長・技術革新にともなう急激な変貌は「自己本位な刹那主義」の風潮を生みだし、先人が築いてきた歴史や文化に学ぶ余裕もなく、いまだ明るい人類の将来が展望できていないようにも見えます。このような状況を踏まえ、よりよい二十一世紀社会を築くために、人類誕生から現在に至る「人類の遺産・教訓」としてのあらゆる分野の歴史と文化を「歴史文化ライブラリー」として刊行することといたしました。

小社は、安政四年（一八五七）の創業以来、一貫して歴史学を中心とした専門出版社として書籍を刊行しつづけてまいりました。その経験を生かし、学問成果にもとづいた本叢書を刊行し社会的要請に応えて行きたいと考えております。

現代は、マスメディアが発達した高度情報化社会といわれますが、私どもはあくまでも活字を主体とした出版こそ、ものの本質を考える基礎と信じ、本叢書をとおして社会に訴えてまいりたいと思います。これから生まれでる一冊一冊が、それぞれの読者を知的冒険の旅へと誘い、希望に満ちた人類の未来を構築する糧となれば幸いです。

吉川弘文館

〈オンデマンド版〉
太平洋戦争と考古学

On Demand
歴史文化ライブラリー
11

2017年（平成29）10月1日　発行

著　者　坂《さか》詰《づめ》秀《ひで》一《いち》
発行者　吉川道郎
発行所　株式会社　吉川弘文館
〒113-0033　東京都文京区本郷7丁目2番8号
TEL　03-3813-9151〈代表〉
URL　http://www.yoshikawa-k.co.jp/

印刷・製本　大日本印刷株式会社
装　幀　清水良洋・宮崎萌美

坂詰秀一（1936～）

ISBN978-4-642-75411-8